Lettre à un paysan sur le vaste merdier qu'est devenue l'agriculture

10, rue Nicolas-Appert
75011 Paris

Dépôt légal : janvier 2015
Numéro d'édition : 70
ISBN : 978-2-35766-084-7

Dessin de couverture
et de page de titre : Honoré

Composition et mise en pages
Nord Compo à Villeneuve-d'Ascq

Imprimé en France par Laballery
N° d'impression : 509351

Fabrice Nicolino

Lettre à un paysan sur le vaste merdier qu'est devenue l'agriculture

Les Échappés

Renault, champion des chars et des tracteurs

Tu me permettras de te tutoyer, Raymond, car, sauf grave erreur, tu n'existes pas. Tu serais un petit vieux de 90 ans, et tu aurais été paysan. Où tu veux. Dans le Cantal, où il fait si froid, et si beau parfois ? Si tu veux. Ou serais-tu morvandiau ? Si tu veux. Ou bas-breton ? Ou picard ? Ou savoyard ? Ou briard ? Bah, je m'en moque bien.
L'essentiel aujourd'hui est que tu saches écouter. Et que tu aies élevé des bêtes. Les bêtes comptent. La bête, c'est l'Homme. Les animaux de ferme, traités comme vermine,

ont toujours été les brins de paille de nos espoirs enfuis. Alors voilà : comme tu seras bientôt sur l'autre rive sans possibilité de retour, je crois pouvoir te parler sans détour. Tu es un veinard. Tu es aussi un pauvre couillon.

Tu as eu la chance de naître en mai 1924, alors que la civilisation paysanne était encore debout. Brinquebalante, mais debout. Attention, pas de trémolos, pas encore. Une civilisation peut être terrible pour les êtres qui la composent, et la paysannerie n'a jamais été un pays enchanté où tout le monde sifflotait. On y travaillait – moins qu'on l'a dit parfois, bien plus qu'on ne le supporterait aujourd'hui. La dureté était partout, mais tu n'es pas du genre, j'imagine, à croire qu'elle a disparu de notre monde de pacotille.

Parmi les différences flagrantes, la vitesse. On marchait. Tu as toi-même fait plusieurs fois le tour de la Terre à pied, dans les limites de ton foutu canton. Sans beaucoup cesser de porter quelque chose sur le dos. Une bête. Des branches. Un outil. Tout était beaucoup plus lent, car le transport était assuré au rythme de l'âne, ou du cheval, ou du bœuf. Ce sont de sacrés costauds,

mais avec eux jamais tu n'aurais remporté une course de vitesse. Et même quand le train a commencé à se répandre, on aurait parfois gagné sur lui en coupant à pied par la lande, le bois de la Sauvagine ou le Vallon perché. Tu vois ce que je veux dire ? Même fin 1914, avant ta naissance, quand les wagons ramenaient au village les cercueils des premiers tués de la guerre, ils allaient au pas d'un cheval fourbu. Comme les autocars de la génération suivante, ils s'arrêtaient au milieu des champs, auprès du moindre hameau.
1914 ! C'est là que les choses ont commencé à dérailler. Il y a eu des alertes, je suis d'accord avec toi. L'année 1881 a sans doute marqué un apogée. D'un côté, plus de 50 % de la population active était faite de paysans. Et, de l'autre, l'imagination bureaucratique lançait le premier ministère de l'Agriculture, qui jouerait plus tard un rôle si néfaste. Des alertes, oui. Qui se souvient de la garance, cette plante installée au XIXe siècle sur des dizaines de milliers d'hectares, entre Vaucluse et Bouches-du-Rhône ? Et de ses producteurs, ruinés par l'industrie chimique naissante ? Et des huiles si savoureuses venues des colonies ?

Et de la viande débarquée d'Argentine, quand personne ne parlait encore de mondialisation ? Oui, il y eut des alertes, qui firent disparaître les fermes les plus fragiles de leur époque. L'industrie n'avait-elle pas besoin de toujours plus de bras pour ses mines de fer et de charbon, pour ses filatures et ses laminoirs ? Comme cela tombait bien !

Mais 1914 est le premier véritable tournant, qui a saigné le peuple des campagnes comme n'avait pas su le faire cette canaille de Napoléon avec ses délires de toute-puissance. Selon les sources, entre 700 000 et 1 million de jeunes paysans ont été massacrés au cours de la Première Guerre mondiale. 300 000 ont été gravement mutilés, façon « gueules cassées ». Au moins le quart de ce que les statistiques appellent « actifs agricoles » ont disparu dans les éclats d'obus. Nul historien, aucun anthropologue n'a seulement réussi à décrire vraiment un tel cataclysme.

Comme il m'est arrivé de parcourir ce pays, et bien souvent à pied moi aussi, je peux te raconter un souvenir personnel. À l'été 1983, je me trouvais dans un hameau de l'Aude, Cazalrenoux. Il ne devait pas y avoir trente habitants permanents. Une fin d'après-midi caniculaire, j'ai croisé un vieux type dans ton genre, qui rentrait ses trente brebis à la bergerie. Il avait envie de parler, et bientôt nous nous sommes retrouvés assis dans l'herbe, au bord du chemin. Il s'appelait Maurice Belmas, et il était né le 7 août 1897 à Mireval-Lauragais. Après un quart d'heure, tandis que les brebis menaient leur vie, tout éparpillées, il me racontait sa Grande Guerre, celle de 14 bien sûr. Avec un bâton, il marquait le dispositif d'une grande bataille contre les Boches, Verdun peut-être. Parce qu'il disait « les Boches », évidemment.

Quelques jours plus tard, j'ai mis la main sur le « Registre matricule des élèves admis à l'école » de Cazalrenoux. Quelle pièce ! J'ai cherché Maurice, et je l'ai trouvé. Je te recopie ici ce que j'ai moi-même noté sur un carnet à l'époque. L'instituteur avait écrit dans ses observations : « Élève assez intelligent, appliqué ; conduite passable. Travaille aux champs avec ses parents. » D'autres commentaires, plus fréquents, condamnaient déjà des gosses à la géhenne sur Terre. Par exemple : « D'intelligence médiocre. Sera agriculteur. » Ou : « Instruction très médiocre. Sera agriculteur », « Elle est très peu intelligente. Sera ménagère », « D'une intelligence peu développée. Sera agriculteur ». Il y avait même cette note du 1er février 1914, concernant le malheureux Sylvain Cassignol : « Élève peu intelligent, ou plutôt montrant peu d'intelligence en classe et au contraire trop au-dehors. » Lui aussi finirait paysan. Sauf que non. Sauf que le monument aux morts de Cazalrenoux révélait ce qu'étaient devenus tant de petits copains de Maurice Belmas : des cadavres prématurés, la gueule collée dans la boue du grand massacre.

Je n'ai jamais oublié Cazalrenoux, comme tu vois. 1914 a donc été un terrible ébranlement. Mais aussi, au passage, un très grand coup d'accélérateur. Ne fallait-il pas retrouver de gré ou de force cette main-d'œuvre hachée menu ? On vit alors que la guerre moderne était au service de l'industrie. Pour paraphraser le vieux Jaurès, que tu aurais pu croiser s'il n'avait pas été assassiné par un crétin nationaliste, « l'industrie porte en elle la guerre, comme la nuée porte l'orage ». En 1918, tout ce qui n'était pas mort était différent. Les femmes travaillaient et beaucoup resteraient veuves ou célibataires. Les campagnes étaient saignées. Le chlore était devenu un gaz de combat. Dans la foulée, Bayer et BASF, réunis dans la première IG Farben, allaient devenir des horreurs. L'industrie automobile avait pris cet essor fou qui allait changer la face du monde. Dans ces conditions, qu'adviendrait-il donc de Renault, notre noble champion à nous ? Renault est sorti de la guerre sous la forme d'un monstre industriel, hypertrophié, car, comme disent les ouvrages, le groupe automobile est devenu « le premier groupe manufacturier privé ». Ah Dieu ! que la guerre est jolie… Renault – et Berliet, aujourd'hui disparu – a fabriqué par milliers des camions militaires 22 ch ou dotés de six roues chenilles, des ambulances 11 ch, des camions-citernes, des camions de pompiers, tous pour le front, tous pour la victoire des étripés ! Et ne parlons pas du fleuron, le char Renault FT, sans aucun doute l'engin blindé le plus efficace de toute la Première Guerre mondiale ! N'a-t-il pas mené une seconde carrière américaine dans les années 1920 et 1930, sous le nom de « Six-Ton Tank » M1917 ? Mais cette satanée paix étant revenue, il fallait

bien reconvertir et passer des commandes militaires à la concurrence civile.
Parmi d'autres productions, Renault s'est lancé après la tuerie dans les tracteurs agricoles. Oh, les malins ! À partir de 1921, le tracteur HO, 20 ch. À partir de 1926, le PE, avec ses roues en fer à cornières, qui fit un tabac. Ou presque. Renault n'en sortit que 1 840 exemplaires de ses chaînes entre 1926 et 1939. Pour la simple raison que, sans le savoir, les campagnes refusaient l'industrialisation, exactement comme les chevaux refusent l'obstacle. Comme un mouvement d'inquiétude inexprimable. Quoi qu'il en soit, je crois pouvoir dire que les esprits n'étaient pas prêts à la grande mécanisation. Pour y parvenir, et pour commencer seulement, il y faudrait une nouvelle guerre. Je sais, tu as connu. En 40, quand les blindés de Guderian traversaient les Ardennes en sifflotant, dépassant puis encerclant les « imprenables » fortifications de la ligne Maginot, tu avais 16 ans, et tu ne pensais pas à la Gestapo, mais aux filles. Tu avais raison. Tu avais sacrément tort.
Tu avais tort, car tout le monde aurait dû prendre les armes contre Hitler et ses sbires, dont cette ganache de Pétain. Mais

aussi parce qu'une révolution se préparait dans ton dos, qui allait détruire ton monde. Note qu'il aurait fallu être devin pour comprendre, ce qui explique que personne n'ait vu venir la mort des paysans et la fin des campagnes.

Cela me fait penser au doryphore, un autre envahisseur. Je te rappelle que le doryphore est un coléoptère arrivé dans les bagages des soldats américains en 1917, pendant cette Grande Guerre où s'est illustré Maurice Belmas, le survivant de Cazalrenoux. On aperçoit l'insecte une première fois dans les champs de patates du Taillan-Médoc, au nord-ouest de Bordeaux, en juin 1922. Or ce salopiaud mange aussi bien les feuilles de pommes de terre que les tiges et même les tubercules lorsqu'ils sont visibles. Que faire ?

Les services du ministère de l'Agriculture éditent de grandes affiches, placardées sur le mur des mairies. On y peut lire : « Le doryphore est un dangereux insecte d'origine exotique, dont il faut éviter la propagation et le maintien sur notre sol. La lutte contre ce fléau est poursuivie aux frais de l'État. La principale difficulté est de connaître à temps les foyers en formation. Chacun de

vous doit aider à les découvrir. Surveillez les champs de pommes de terre. »
En 1930, la patate couvre 7 % de la surface cultivée en France, soit 1 500 000 hectares. Énorme ! Le doryphore est présent en 1933 dans 39 départements, et déjà dans 58 l'année suivante. Une guerre commence, qui sera conduite par un génial entomologiste, Jean Feytaud. Partisan des méthodes qu'on appelle aujourd'hui biologiques, admirable connaisseur des insectes, Feytaud mène le combat depuis son laboratoire du service des épiphyties, à Bordeaux.
Mais, en 1940, alors que les troupes hitlériennes s'apprêtent à occuper la France, le doryphore a encore agrandi son territoire. Feytaud a échoué. Tout le monde a échoué. Voici venue l'heure du DDT !

Sous le GI, le plan Marshall. Sous le plan, un plan

Le DDT. Je te passe les détails. Comment le chimiste autrichien Othmar Zeidler a synthétisé dans son labo, en 1874, une molécule nouvelle, le dichlorodiphényltrichloroéthane. Zeidler est un bricolo, et il ne sait pas quoi faire de son invention, qui va dormir sur une étagère jusqu'aux années 30 du siècle suivant. Un autre chimiste, Paul Hermann Müller, employé par la firme suisse Geigy, cherche alors de nouveaux insecticides, et, un jour de 1939, il tombe sur les travaux de Zeidler. Dieu du ciel ! Le dichloromachin, qu'on n'appelle pas encore DDT, est terriblement efficace contre les doryphores, ces monstres qui ravagent les vitales cultures de pommes de terre de la vieille Europe.

C'est dans le même temps le début de la guerre. La nuit noire du fascisme. Et bientôt la faim pour tant de pauvres de l'Europe en flammes. Müller, qui obtiendra le prix Nobel de physiologie (médecine) en 1948 pour sa (re)découverte du DDT, teste fiévreusement sa nouvelle molécule. Pendant près de trois ans, presque personne n'est au courant, et c'est seulement au début de 1942 que la Suisse répand la fracassante nouvelle. Le 16 août 1942, l'agronome Bernard Trouvelot reçoit une carte postale d'un de ses collègues, qui lui dit notamment : « Je viens de voir un produit nouveau de chez Geigy, de Bâle, le Gésarol [...]. Partout on m'a vanté les qualités nouvelles de ce produit : il s'emploie en pulvérisation, mais il n'est pas du tout toxique pour l'homme. » Le Gésarol, c'est bien entendu le DDT. Et Trouvelot, grand spécialiste de zoologie agricole, va devenir après guerre l'un des pontes de l'Institut national de la recherche agronomique (INRA) et, à ce titre, l'un des grands

éradicateurs des fermes de ton enfance, mon vieux Raymond. Au fait, tu sais quoi ? Je commence à te trouver sympa.
Je reprends. Les Allemands, tout occupés à gazer les Juifs et les Tziganes avec un autre pesticide, le Zyklon B, prêtent à peine attention au DDT. Mais les Américains, eux, foncent. Vois-tu, le DDT est une arme prodigieuse, qui va par exemple servir à juguler une épidémie de typhus frappant Naples à peine libérée, en octobre 1943. Eh oui ! Le typhus vient des rats et des souris, mais il frappe les hommes via les poux ou les acariens, que le DDT extermine généreusement. En 1944, quatorze usines américaines crachent par centaines de tonnes du DDT, qui sauvera, *in extremis,* nombre de rescapés des camps de la mort nazis.
Si je te raconte ça, tu penses bien, c'est que le DDT aura joué un rôle essentiel dans la construction d'une mythologie. Celle du progrès sans fin par la technique et la nouveauté. Tu y as cru, j'y aurais cru, nous aurions tous marché. Nul ne soupçonnait encore que le DDT est une horrible merde qui s'attaque en fait à tout organisme. Après avoir sauvé *in extremis* des rescapés des camps de la mort. Avec l'imbécillité

qui est la nôtre, nous avions cru que le miracle durerait. On ne saurait que vingt ans plus tard que le DDT est un puissant cancérigène et un infernal reprotoxique, c'est-à-dire qui entrave la reproduction des êtres vivants.

Je m'égare, désolé. Le DDT est un symbole fort, mais, derrière lui, l'agriculture américaine était déjà une industrie prodigieuse. Alors que nous en étions encore à l'âge des maquignons tâtant le cul des vaches à la foire, l'Amérique empilait ses millions de dollars en trucidant des millions de veaux, de vaches et de cochons. Et pas depuis hier ! En 1893, notre écrivain français Paul Bourget – un académicien, en général chiant comme la pluie – visite la ville de Chicago et ses abattoirs. À son retour en France, il publie un carnet de voyage, sous le titre *Outre-Mer*. Le moins que je puisse écrire, c'est que le massacre des bêtes a fait chez lui forte impression. Extrait : « Nous entrons dans une salle immense où flotte une vapeur d'étuve, mêlée d'une âcre et fade senteur qui nous prend à la gorge. Nous sommes dans le département réservé au dépeçage des porcs. Des centaines d'hommes y besognent que nous n'avons même pas le temps de regarder. Notre guide nous crie de nous effacer et nous voyons passer devant nous des files de porcs qui glissent, les ventres ouverts, leurs pattes de derrière pendues à une tringle le long de laquelle ils roulent du côté d'une voûte où d'autres bêtes attendent par d'innombrables files. Nous avançons, évitant de notre mieux ces étranges rencontres, pour arriver, les pieds englués dans une boue sanguinolente, jusqu'à la plate-forme d'où nous verrons le point de départ de tout ce travail qui paraît encore si confus, qui va nous devenir si simple, si facilement intelligible. »

1893, je te le rappelle. Cette année-là, la moitié des animaux d'élevage des si vastes États américains passent par Chicago. Grâce au train et aux wagons nouvellement réfrigérés par la glace – à lui seul, l'industriel de la barbaque Swift en consomme 450 000 tonnes –, les morceaux empaquetés partent sans difficulté aux quatre coins du pays, et jusqu'en Europe. C'est grandiose d'efficacité et de barbarie. La tuerie mécanisée est aussi chronométrée. Pour flinguer un bœuf dans ces conditions révolutionnaires, compter huit secondes.

J'espère que tu as compris, Raymond. Il s'agit d'un modèle. Un archétype, si je veux frimer un peu. On appelle le tout, officiellement, une *disassembly line.* Une chaîne de désassemblage. Ça ne te rappelle rien ? Attends la suite. En 1906, un ingénieur de la toute récente entreprise Ford, William Klann, visite lui aussi les abattoirs de Chicago. Ford est encore un artisan, qui a lancé sa première entreprise automobile, entre sang et sueur, en 1899. Le moindre assemblage prend un temps fou, qui pèse en retour sur les bénéfices.

Klann, donc. Après avoir visité Chicago, il aurait lancé à l'un des responsables de Ford, Ed Martin : *« If they can kill pigs and cows that way, we can build cars that way, we can build motors that way. »* T'as sans doute pas fait d'anglais à la communale, mais c'est facile à comprendre. Si les spadassins de Chicago arrivent à tuer de la sorte des porcs, pourquoi ne serait-il pas possible de construire des bagnoles de la même manière ? Hein ? Il suffirait d'inverser le mouvement, et d'assembler au lieu de « désassembler ». Ce qu'on appellerait plus tard la chaîne de montage.

C'est donc ainsi, du moins dans les grandes lignes, qu'est né le système industriel fordiste-tayloriste. Le formidable exemple des abattoirs a permis de déployer l'imagination industrielle. Premier essai de chaîne en juillet 1908 : l'ingénieur de Ford Charles Sorensen tente la construction d'un modèle de Ford N à l'aide d'un treuil. Échec. Mais, le 1er avril 1913, le triomphe. Après divers tâtonnements, et malgré les douleurs au dos invoquées par les ouvriers, la productivité fait des bonds de cabri. D'abord, plus 50 %, ensuite, plus 300 %.
Il faut ajouter à cette si goûteuse « modernisation » l'incroyable expansion de la chimie de synthèse. Dans l'entre-deux-guerres, Américains et Allemands se tirent la bourre comme il n'est pas permis. D'un côté, IG Farben, qui finira dans l'ignominie en faisant trimer à mort les détenus de Monowitz-Buna à Auschiwtz. De l'autre, DuPont – et quelques autres –, qui se lancera dans l'immense aventure des plastiques puis inventera le Nylon avant de mettre ses ingénieurs au service de la bombe nucléaire.
Dans le domaine de l'élevage bovin, la puissance de l'industrie prendra la forme,

dès 1902, d'un trust formé de cinq groupes visant au monopole. Malgré de retentissantes injonctions de la Cour suprême et des procès publics, le trust se ramifiera, se renforcera dans une ambiance souvent plus proche du film noir que des bluettes au son du flûtiau. Bon. Tu peux essayer d'imaginer. Des géants cinq cents fois plus puissants que la grande coopérative qui achetait ton lait pour trois picaillons. J'ai voulu te montrer que, dès avant la Seconde Guerre mondiale, une énorme machine était en marche, que personne ne souhaitait arrêter. Une machine de guerre, oui.
Quand l'Amérique se lance à l'assaut des nazis et des Japonais, après Pearl Harbor – 7 décembre 1941 –, les usines se mettent à cracher du char Sherman, des forteresses Boeing ou des bombardiers Douglas, des croiseurs, patrouilleurs, sous-marins, porte-avions. On n'avait encore jamais vu cela sur Terre. En 1943, l'Amérique produisit 85 900 avions – 97 000 en 1944 – et 30 000 chars blindés. Sans compter, entre 1942 et 1945, un million de camions, 637 000 Jeep, 498 escorteurs, 203 sous-marins, 141 porte-avions, 349 destroyers.

Au moment de la victoire sur le fascisme – et cette victoire fut magnifique, je m'empresse de te le dire –, il fallait bien trouver une issue de secours pour cette exubérance matérielle, cette grande folie productiviste. Il n'y avait plus d'ennemi en vue – cela allait revenir avec Staline –, mais il restait la Nature. La Terre, cette rebelle à mater. Le sol, les eaux, les êtres vivants qui osaient encore contrarier le grand projet de maîtrise totale par l'industrie humaine. C'est alors que les Américains inventèrent le plan Marshall. Imaginé dès 1946, annoncé officiellement en 1947, il se présentait sous la forme plaisante d'une aide philanthropique à la reconstruction de l'Europe dévastée.

Il est bien d'autres explications à cette initiative, mais, selon moi, l'une prévaut : il fallait fourguer, c'est-à-dire inonder les marchés européens d'aides matérielles sous la forme de belles productions américaines. Car le principe du Plan était limpide : l'Amérique prêtait à condition que l'emprunteur se fournisse en produits *made in USA*. Aussi bien, les milliards de dollars déversés de la Grèce à la Belgique, de la France au Royaume-Uni, de l'Italie aux Pays-Bas servirent de débouché majeur

pour une industrie démultipliée par la guerre mondiale.
Le merveilleux, c'est que les produits américains transportaient avec eux, dans les caisses débarquées à Marseille, à Saint-Nazaire ou à Cherbourg, un imaginaire. Un pulpeux imaginaire fait de créatures et de lèvres rouges, de whisky, de chewing-gums, de bas Nylon, de voitures décapotables. Et aussi de tracteurs John Deere et de pesticides DuPont ? Ben oui, gros ballot, aussi. Dans l'esprit des Français de 1945, de ces Français que la faim avait taraudés pendant cinq ans, les grands Blacks et Blancs de l'armée américaine de la Libération incarnaient le seul avenir désirable. Un avenir motorisé, mécanisé, rapide comme l'éclair. Le Moyen Âge était terminé, commençaient les Temps Nouveaux. Qui aurait résisté à cela ? Toi aussi, tu y as cru, n'est-ce pas, Raymond ?

Pochon-Debatisse, histoire de deux faux frères

J'ai croisé la route d'André Pochon il y a plus de vingt ans, et je l'ai revu de nombreuses fois depuis. Quel type ! Il est né sept ans après toi, en 1931 donc, et, que je sache, il garde bon pied et bon œil. Longue vie, Dédé. Comme toi, au départ en tout cas, Dédé n'est pas beaucoup sorti de son canton de Corlay, où se trouve son village de naissance, Saint-Mayeux (Côtes-d'Armor). C'est un paysan, un vrai. Avec les deux pieds dans le temps passé et les deux mains, plus la tête, dans le présent

et le futur du métier. Je dois avouer que j'ai toujours été bluffé par son intelligence concrète.
À 6 ans, Dédé garde les vaches. À 13, il laboure. À la sortie de la guerre, il est tout juste adolescent. La famille est pauvre, comme tout le monde ou presque. L'eau courante est rare, les sols en terre battue, omniprésents, jusque dans les cuisines. Les maîtres de son école, frappés par son esprit délié, tentent de convaincre ses parents de l'envoyer à l'École normale pour qu'il devienne lui-même instituteur. Il refuse. Obstinément. Il veut demeurer à la terre.
Cela n'empêche pas d'œuvrer. Il entre à la Jeunesse agricole catholique (JAC), qui est alors une belle structure d'éducation populaire. Dédé me dira un jour, bien plus tard : « C'était formidable. Nos principes étaient limpides : voir, juger, agir. D'abord les faits, ensuite la discussion, parfois à la lumière de l'Évangile, enfin l'action. »
Oui, il faut agir. Contre les conservatismes, contre la répétition du même, contre la sottise, contre le passé. Toutes les jeunesses ont entonné le même refrain, et j'aurais suivi, cela ne fait pas de doute. Il fallait bouger ! Il fallait secouer le carcan et les

habitudes d'un monde en partie prostré, vaincu avant d'avoir songé à combattre. Il fallait imaginer un sort différent, et meilleur. Mais lequel ?
En 1954, Dédé s'installe à côté de son père et le convainc d'acheter un tracteur, synonyme de progrès. La JAC de Corlay, que Dédé anime, défend le point de vue qui a depuis triomphé : il faut agrandir les exploitations, mécaniser, produire toujours et encore plus. Dédé est d'accord – tout le monde est alors d'accord –, mais, comme il accorde valeur à sa propre expérience, il réalise en quelques années qu'il existe une autre manière de gagner sa vie dans une ferme. La sienne est toute petite, même en son temps – huit hectares –, mais il parvient à produire autant que sur vingt et même vingt-cinq hectares, en conservant du temps pour sa famille et... les siestes.
Je sais. Trop beau pour être vrai. Sauf que c'est vrai. L'une de ses plus grandes trouvailles consiste à planter ses prairies – dans la tradition, on n'y touchait pas – avec un assemblage d'herbe *ray-grass* et de trèfle blanc. Le trèfle blanc est dans ces conditions un incroyable fertilisant, qui permet d'entretenir des prairies abondantes sans

recours aux engrais azotés. La thèse officielle était qu'une graminée ne pouvait pousser correctement sans apport extérieur d'azote. Raymond, je suis sûr que tu comprends ce que je raconte.
En 1957, les douze vaches de Dédé croissent et embellissent, produisant un lait abondant. La ferme Pochon, pourtant la plus petite de la commune, est aussi celle qui entretient le plus de porcs, nourris avec le lait écrémé du troupeau, un peu d'orge et des betteraves cultivées sur place. L'élevage aurait donc pu se développer autrement, grâce à une herbe perpétuellement renouvelée en quantité, sans le soja transgénique et le maïs d'aujourd'hui, et sans dégueulasser les sources. En cette année 2014, Dédé boit toujours l'eau qui coule sous ses champs, désormais cultivés par son gendre et sa fille. Les nitrates, malédiction de la Bretagne intensive, en sont presque absents. Ce ne serait pas une preuve ?
J'entends encore la grandiose formule de Dédé, mille fois répétée par lui, mais qui aurait dû l'être dix millions. Il la tenait, disait-il, du célèbre agronome René Dumont : « Regardez bien votre vache, c'est un animal extraordinaire ; elle a une

barre de coupe à l'avant, et un épandeur à l'arrière. Si vous flanquez cet animal dans le milieu d'un pré, elle fait le travail toute seule. »

Je suis bien obligé d'écourter, à tort. Au début des années 1990, quand je parlais avec lui, Dédé évoquait volontiers le « bon progrès ». Celui de la « méthode à Pochon ». Celui de la recherche humble, quotidienne, de la mesure, de la coopération. Je ne prétendrais jamais que tout aurait été réglé si l'on avait confié les rênes au club des « Amis de Dédé ». Mais le sûr est qu'à la fin des années 1950 la station de Quimper de l'INRA, alors sous la direction de Marcel Coppenet, a testé les découvertes culturales de Dédé. Avant de tout enfouir à double tour dans je ne sais quel bureau. Pardi ! Cela marchait trop bien. Que seraient devenus les marchands d'engrais et de matériels, qui font toutes les lois agricoles ou les sabotent ?

Je n'accuse ni Coppenet, ni même l'INRA. C'était comme cela. D'un côté, le Progrès en marche, devant lequel tous se prosternaient, et, de l'autre, un petit paysan malin, doté de son seul brevet élémentaire. Même si Dédé Pochon avait raison – et il avait raison –, il fallait pour finir qu'il ait tort. Cinquante ans plus tard, nos autorités agronomiques ont redécouvert ce qu'elles avaient sous le coude, au coffre. La « méthode à Dédé » est cent fois validée, admirée, enseignée, mais la roue a tourné au profit du maïs intensif, du lisier et des marées vertes. *End of story,* comme on dit parfois aux États-Unis, d'où la folie est partie.

Et maintenant, place au faux jumeau, Michel Debatisse. Je vais te surprendre, compte tenu de ce qui suit, mais, avec le recul, l'homme ne me paraît pas odieux. Il naît en 1929, dans une famille pauvre d'éleveurs du Puy-de-Dôme. Comme Dédé, il est catho, et entre, tout comme lui, à la JAC. À la sortie de la guerre, il veut naturellement une vie digne pour les siens, du respect, de l'eau au robinet, quelques biens. Il croit qu'en soutenant de toutes ses forces la machine, l'engrais, le pesticide, la productivité, la vie sera belle. Pour lui, l'avenir passe par la JAC. Cette JAC, dont on ne saurait surestimer l'influence, parvient à rassembler au Parc des Princes, en mai 1950, 50 000 jeunes pedzouilles en délire. Debatisse est là. Il a 21 ans. Peut-être sent-il qu'il est appelé à un destin. Sans doute est-il immensément fier. Le reste n'est que triomphes répétés. En 1956, il devient le secrétaire général de la JAC. De 1958 à 1963, il est le numéro un du Centre national des jeunes agriculteurs (CNJA), qui regroupe les moins de 35 ans de la FNSEA. Pour Debatisse, c'est l'heure de gloire. Quand de Gaulle revient au pouvoir, en 1958, il n'a guère qu'une obsession : la grandeur du pays. Tu parles, Charles ! Tout est bon pour doper l'industrie française, dans cette Europe qui vient de naître au travers du traité de Rome. Pour de Gaulle, poussé aux fesses par ceux qu'on commence à appeler les technocrates, une révolution définitive de l'agriculture pourrait avoir un effet d'entraînement sur les courbes industrielles du charbon, de l'acier, des hauts-fourneaux. Il reçoit Debatisse. Et Michel Debré, son Premier ministre, reçoit lui aussi Debatisse. Ils sont évidemment d'accord : la campagne doit disparaître. Debatisse en tire un livre enthousiaste, publié en 1963 : *La Révolution silencieuse, le combat des paysans*[1]. Les grandes douleurs sont muettes.

Mais c'est avec la nomination à l'Agriculture d'un certain Edgard Pisani, en 1961, que

1. Paris, Calmann-Lévy.

tout se précipite. Debatisse devient un visiteur du soir du ministre, un conseiller sans titre, bientôt un ami. Pisani et Debatisse, auxquels se joignent quelques autres, prennent l'habitude de soirées au domicile d'Edgard, à l'angle de la rue Bayard et du cours Albert-Ier, à Paris VIIIe. On y refait le monde, qui va furieusement ressembler au nôtre. Le point d'orgue de cette intense mobilisation pourrait se situer en février 1965. Pisani parcourt la Bretagne et se fait acclamer par des foules paysannes enthousiastes, auxquelles il promet la Lune, et la télé, et la bagnole. Le 20, il déclare sans s'évanouir : « La Bretagne doit devenir un immense atelier de production de lait et de viande. » Un journaliste de *La Croix,* Joseph Fontaine, recopiant le communiqué de presse officiel, note dans son reportage : « Ce qui implique le développement de céréales fourragères, l'importation par des ports équipés pour cela de maïs et de tourteaux, la substitution de la culture du maïs et de l'orge à celle du blé, l'installation d'usines de production de viande. » *Ite missa est.*

Debatisse reçoit la récompense de son engagement. En 1971, il prend la tête de la Fédération nationale des syndicats d'exploitants agricoles (FNSEA), qu'il quittera en 1978 après avoir tenté d'écraser le mouvement des paysans du Larzac contre l'extension d'un camp militaire. En 1979, il est secrétaire d'État à l'Agriculture de Raymond Barre, Premier ministre de Giscard. Il sera aussi, plus tard, député européen, tout en étant président de la puissante coopérative laitière Sodiaal (Yoplait, Candia), dont le chiffre d'affaires en 2012 dépassait 4,4 milliards d'euros.

J'espère que tu seras d'accord, Raymond. L'histoire des hommes n'est pas, contrairement à ce que les vainqueurs tentent perpétuellement de faire croire, une fatalité. Elle n'a rien de cette trajectoire linéaire qui conduirait des abysses au ciel bleu, via le Progrès et les Lumières. Elle est un combat. Un choix, biaisé certainement, mais un choix entre différentes voies possibles. En 1945, sur le papier en tout cas, on pouvait prendre le chemin de traverse de Dédé. Et transformer en profondeur une paysannerie qui méritait de vivre, et même de prospérer. Au lieu de quoi, tous emportés par une mythologie triomphante *made in Hollywood,* saturés de chocolat, de Camel et de chewing-gums, nous avons foncé dans le brouillard, insensibles au désastre que l'on poussait en avant, sous le pare-chocs de nos Jeep tout-terrain. L'un a gagné, Debatisse. L'autre a perdu, Dédé Pochon. Et nous sommes encore et toujours incapables d'imaginer ce que serait en 2014 un vrai grand territoire de paysans.

Comment ? Je ne t'ai pas encore parlé de Fernand Braudel ? Il aurait pu être ton père, tiens donc, vu qu'il est né en 1902. J'ai une grande admiration pour cet historien des longues durées. Il regardait la civilisation paysanne, encore si solide dans son enfance lorraine. Tu sais ce qu'il a écrit sur ce drame incroyable qu'est la disparition si subite de la glèbe ? « Le chambardement de la France paysanne est, à mes yeux, le spectacle qui l'emporte sur tous les autres, dans la France d'hier et, plus encore, d'aujourd'hui. » Ajoutant même : « La population a lâché pied, laissant tout en place, comme on évacue en temps de guerre une position que l'on ne peut plus tenir[1]. » Tu pleures ? Moi aussi.

1. *L'Identité de la France,* Paris, Arthaud, 1986.

Willaume, le génial maquignon des pesticides

Je ne le dirai jamais assez : cette histoire n'est pas linéaire, ni pleinement chronologique. On vient de quitter Debatisse, mort en 1997, et voilà qu'il nous faut repartir en 1945, et même en 1926. Tu avais à peine 2 ans, Raymond, que déjà Fernand Willaume publiait. Mais je vois à ton air étonné que tu n'as jamais entendu parler de lui : le génial maquignon, le magnifique entourloupeur Fernand Willaume était un ingénieur agronome du début du siècle disparu. Visiblement, comme dirait l'autre, un ingénieux ingénieur, dont on trouve la trace dans les bulletins de quantité de sociétés savantes dès 1920. On le voit ainsi écrire en 1923 un article remarqué par au moins deux personnes dans la *Revue d'histoire naturelle appliquée,* où il pose cette redoutable question : peut-on créer une fourmiculture – un élevage de fourmis – aux fins de pourvoir « à l'alimentation des oiseaux de chasse et de faisanderie ». Vois-tu, Fernand travaille à la station entomologique de Paris, qui dépend de l'Institut des recherches agronomiques (IRA), créé en 1921. Tu t'en doutes : l'IRA est l'ancêtre de l'INRA.

Fernand Willaume est donc un bon spécialiste des insectes, ce qui veut dire, dans sa fonction, un ennemi des ravageurs des cultures. Et la liste en est interminable, de l'altise de la betterave à l'apion de l'artichaut, de l'anthonome du pommier à la teigne du poireau, de la lyde du poirier à la mouche du navet. En 1926, il écrit un livre qui fait date, car il est l'un des premiers à être systématique : le *Manuel-Guide des traitements insecticides et fongicides des arbres fruitiers.* Et devine avec qui il l'écrit ? Bernard Trouvelot, celui-là même,

si tu as bien suivi, qui reçoit en 1942 une carte postale annonçant l'invention du DDT. Que leur monde est petit !
Cette même année 1926, Willaume est au cœur du Congrès national pour la lutte contre les ennemis des cultures, qui se tient à Lyon. On y discute d'un point décisif, qui ne sera tranché qu'en 1945, de bien belle manière : comment faire entrer l'État dans le jeu industriel ? Ce qui prend en 1926 la forme d'un vœu explicite du Congrès, qui réclame « qu'une loi intervienne pour résoudre la question de la réglementation et du contrôle de tous les produits destinés à combattre les ennemis des végétaux ».
Pas de malentendu. Fernand n'était pas Machiavel et n'imaginait évidemment pas la suite. D'ailleurs, je crois qu'il était sincère. Mêlant, comme il est de règle, la défense d'intérêts généraux – ceux des récoltes et, donc, du revenu paysan – et sa carrière personnelle, il voulait vraiment trouver des solutions à la présence d'insectes, champignons, micro-organismes dévoreurs des récoltes.
Le temps passe, et Willaume entre chez Pechiney, l'un des premiers industriels du pesticide. Son obsession reste la même :

comment faire de l'État un acteur de premier plan ? L'époque, coincée entre fascisme et stalinisme, est au Plan et à l'intervention étatique directe dans l'économie. En 1938, il est membre d'un comité tripartite dont il a inspiré la création, qui réunit déjà les inspecteurs généraux de l'Agriculture – donc l'État –, l'industrie naissante des pesticides, les grandes structures agricoles comme la Fédération nationale des producteurs de plants de pomme de terre. C'est le modèle qui triomphera après les sombres jours de l'occupation nazie.

En 1945, Willaume, devenu le premier lobbyiste des pesticides en France, crée le Comité de propagande pour la défense des cultures. Oui, en ce temps-là, on ne s'emmerdait pas avec le vocabulaire. « Propagande ». Dans la foulée, il lance la société d'édition Ruralia, qui publie aussitôt l'hebdo *Phytoma,* qui existe toujours. Raymond, de toi à moi, c'est un chef-d'œuvre. Tout le petit monde des pesticides va y écrire et participer aux comités de rédaction : ceux de l'INRA nouvellement créé, les hauts fonctionnaires du ministère de l'Agriculture chargés en théorie des contrôles, les membres des sociétés savantes, les

industriels bien sûr. Tous mêlés dans une structure clairement paratotalitaire, vouant un véritable culte à la chimie de synthèse et aux pesticides, tout l'espace est occupé. Cinquante personnes peut-être, dans cette France de la Libération, décident du sort des pesticides, et tous mangent dans la main de Willaume, qui multiplie les occasions – congrès, banquets, conférences, foires – de les réunir.
Pour mieux saisir la puissance de cette emprise tentaculaire, je te suggère de rencontrer Jean Bustarret. Né en 1904, ce dernier est avant la guerre un ingénieur agronome brillant, qui fait des découvertes et mises au point importantes, comme celle de la patate BF 15, très résistante aux virus, au goût paraît-il excellent. En 1944, il publie un texte, *Variétés et variations,* qui fait de lui un théoricien de la sélection agricole.
Il devient logiquement rapporteur du projet de création de l'INRA devant le Conseil d'État, officiellement fondé en 1946. Cette même année, Bustarret, qui deviendra plus tard le patron de l'INRA, se rend aux États-Unis. Comme les copains, il en revient émerveillé par la productivité, et devient un militant du maïs, défendant avec ardeur

l'acclimatation en France des hybrides W240 et W255. Par lui et grâce à lui et quelques autres, le maïs industriel passe en France de 300 000 hectares à 700 000 entre 1950 et 1960. Une plante tropicale, grosse consommatrice d'eau d'irrigation, d'engrais et de pesticides, déferle sans que quiconque ait la moindre idée des conséquences.

En 1956, Bustarret est le principal créateur du Comité de lutte contre les mauvaises herbes (Columa), dont l'intitulé à lui seul est déjà un vaste programme. À ce moment barbare de l'histoire de France, Raymond, on n'utilise pas encore d'herbicides de synthèse, mais cela va changer, notamment grâce à Bustarret. Les 28 et 29 décembre 1956, un faux nez de l'industrie chimique – la Fédération nationale de défense des cultures (FNPC) – organise au musée Guimet, à Paris, des journées techniques consacrées aux nouveaux herbicides concoctés dans les laboratoires spécialisés. De quoi parle-t-on pendant deux jours ? De l'acide 2,4-dichlorophénoxyacétique, par exemple, présenté comme extrêmement prometteur. Cet herbicide est resté dans l'histoire sous le nom de 2,4-D, constituant majeur du terrifiant agent orange, un défoliant

massivement déversé sur le Vietnam par les avions américains des années 1960. Commentaire de la revue *Phytoma,* de Fernand Willaume, en mars 1957 : « Ces journées ont permis de mettre en lumière un nombre prodigieux de substances nouvelles pouvant, dans un avenir plus ou moins proche, prendre place parmi les techniques de destruction des mauvaises herbes. » Mais on n'oublie pas pour autant les autres pesticides : Shell, la major du pétrole et de l'agrochimie, présente aux invités un film publicitaire sur la lutte à mort contre les insectes. Raymond, ne me dis pas que tu y étais !
Jean Bustarret, en revanche, est là, et même à la tribune. Car c'est lui qui ouvre les deux jours de propagande commerciale par un discours de bienvenue, le 28 décembre, à 9 heures précises. Quant au Columa, Bustarret en deviendra le président dès sa création officielle, en 1959. Avec à ses côtés un secrétaire général, Pierre Poignant – le responsable des pesticides chez Pechiney-Progil –, et comme vice-président François Le Nail, permanent de la Chambre patronale de l'industrie des pesticides.

En décembre 1963, Bustarret précisera pour les sourds et malentendants que le rôle du Columa est de « préparer des conseils à diffuser très largement auprès des agriculteurs pour leur donner des directives, leur indiquer certaines précautions et fixer les normes d'emploi ». La suite était prévisible, mais Fernand Willaume ne l'a pas connue, car il est mort le 1er janvier 1957.
Sa postérité était assurée. Témoin le formidable Congrès international de phytopharmacie, qui se tient à Paris en septembre 1970. Raymond, pas de malentendu : la phytopharmacie, dans la novlangue des marchands, c'est simplement l'usage des pesticides, mais il est plus élégant d'évoquer des médicaments, non ? En tout cas, ce congrès est ouvert par Jacques Duhamel, alors ministre de l'Agriculture de Georges Pompidou, suivi par les musiques de la garde républicaine. En sous-main, la réunion a été organisée par Marcel Valtat, l'homme qui conseille l'industrie de l'amiante. Et son président de séance n'est autre que notre déjà vieil ami Jean Bustarret. Tout le monde est là. Tous les chefs, petits et grands, de l'INRA. Tous les industriels qui comptent. Tous

les fonctionnaires chargés par la République de surveiller leurs activités. Et tous se congratulent, s'embrassent, se remettent des décorations, ainsi qu'en attestent des photos des festivités.
Il est vrai que l'heure est grave, car le profit est attaqué. En 1962, le livre de Rachel Carson, *Printemps silencieux,* a pour la première fois nettement mis en cause les pesticides, au premier rang desquels le miraculeux DDT. Pis, certains chercheurs relaient ces « calomnies », et un congrès scientifique qui s'est tenu en mars 1969 à Stockholm a ouvertement présenté le DDT comme un violent toxique. Il y a donc le feu au lac, et la réunion de 1970 à Paris n'a d'autre but que de reprendre la main.
Dans un livre écrit longtemps après (*L'Industrie phytosanitaire, 1918-1986*), François Le Nail, employé de l'industrie déjà cité, passe droit aux aveux : « Ce congrès a servi le prestige de notre profession, mais le plus grand avantage que nous ayons recueilli de cette manifestation ne doit pas passer inaperçu : pendant ces trois années de préparation, les réunions des comités, commissions et groupes de travail, les innombrables rapports avec les chefs de département et

les responsables de l'INRA, de hauts fonctionnaires, les journalistes de différentes origines [...], nous ont permis d'approfondir nos liens avec certains et d'accroître un capital de relations utiles sur le plan des intérêts professionnels. »
Franchement, Raymond, faut-il encore te l'emballer ? Franchement, tu ne comprends pas un peu mieux le pourquoi de ce merdier géant ? Grâce à Willaume, Bustarret et une poignée de leurs clones, la France consommerait des pesticides par centaines de milliers de tonnes, qui pourriraient les sols, les rivières, les nappes phréatiques, les fruits, les légumes, l'air, l'eau de pluie et la rosée du matin. Tout ça pour ça. Tout ça pour que vivent Rhône-Poulenc et, derrière ce groupe franchouillard aujourd'hui disparu, Monsanto, Bayer CropScience, Syngenta, BASF et les autres.

Raymond Février et la « vache au hublot »

Tu remarqueras que Raymond Février a le même prénom que toi. Il faut dire qu'il est né seulement quatre ans avant toi, en novembre 1920. Où ? Dans les Hautes-Alpes, où le lait des vaches est si bon et si beau leur cul. Grand-papa était instituteur, hussard noir de la République à la mode Jules Ferry.

Quant à papa, entré aux Postes à 20 ans, il adhère dès 1905 à la Section française de l'Internationale ouvrière, cette SFIO qui vient d'être créée par Guesde, Vaillant et

Jaurès. Cela le mènera loin, jusqu'à devenir ministre du Travail de Blum en 1937, dans un gouvernement de Front populaire. Autant dire que les racines de gauche sont profondes, ce qui ne changera rien à l'aventureuse destinée de Raymond Février.
Comme sa famille en rêve, il se tourne vers agro, l'École supérieure d'agronomie, et commence, après le bac, ce qu'on n'appelle pas encore une prépa. Mais l'arrivée de la guerre bouleverse le programme, et, après avoir été reçu, il débute à l'arrache une carrière. En 1943, dans une ferme du Vexin, il refile de la vitamine A et de la vitamine D à un troupeau de vaches. Pour ensuite noter le résultat sur les rendements en lait. En mai 1944, tandis qu'il se passe ailleurs de menus événements, Février hérite d'un troupeau de 180 porcs, à Coulommiers (Seine-et-Marne), pour lesquels il prépare un « programme expérimental » de nutrition. Car la recherche, la recherche de la performance, est désormais en lui.
La suite se passe à l'INRA, où Février atterrit dès la naissance de l'Institut, en 1946. Il crée puis dirige la station expérimentale de Bois-Corbon, dans la forêt de Montmorency (Val-d'Oise), où il s'agissait, selon lui,

« d'irradier des aliments concentrés destinés aux porcs, pour accroître leur valeur alimentaire ». C'est là que tout commence vraiment pour l'élevage industriel. Tout ce que tu as vu défiler après la guerre, Raymond, tous ces discours des conseillers de la Chambre d'agriculture sur la sélection génétique et l'alimentation « scientifique » des bêtes viennent de là.

À Bois-Corbon, Février se concentre sur une technique révolutionnaire, venue comme il se doit des États-Unis, qu'on appelle le *Progeny Testing*. Cette méthode, encore balbutiante dans la vieille Europe, permet de contrôler la descendance des animaux par sélection génétique, et d'entrevoir les contours d'un monde plein de verrats couillus et prolifiques. Commentaire légèrement attristé de Février en 1996, interviewé par l'INRA : « Il faut ici rappeler la situation de l'élevage du porc à cette époque. L'essentiel des porcelets étaient produits dans de petites exploitations de polyculture, élevant quelques truies avec les produits et déchets de la ferme. »

Une vision insupportable aux yeux d'un Février qui ira aux États-Unis en 1950, après tant d'autres zootechniciens de sa génération. Il en revient ébloui, comme eux, avec un livre qui deviendra la bible de sa génération, *Animal Breeding Plans* (« Aperçus sur l'élevage des animaux »), paru en 1937[1]. Parmi ceux qui entourent Février à Bois-Corbon, un certain Jacques Poly, alors proche du PCF, et qui deviendra archiponte de l'INRA. On lui doit en large part la loi sur l'élevage de 1966, souvent nommée par les bureaucrates « loi Poly », qui encadre depuis les règles de l'élevage concentrationnaire par le contrôle des filiations, l'indexation génétique, l'insémination artificielle.

Des porcs de Bois-Corbon, on passe aux poulets de Jouy-en-Josas, en s'appuyant sur un autre livre américain, publié en 1949, *Genetics of the Fowl*, la génétique de la volaille. Cocorico ! Les grands savants de chez nous vont réussir l'exploit d'obtenir des poules naines dont les besoins alimentaires sont réduits de 25 %. Et tout à l'avenant. En 1950, il faut 110 jours pour obtenir un poulet fermier, qui pèse entre 1,3 et 1,5 kg. En 1978, un poulet remasterisé selon les principes de Février and Co

1. Iowa State College Press.

se fabrique en une cinquantaine de jours, pour un poids de 1,8 kg en moyenne. Raymond, j'ai comme dans l'idée que tu as dû en voir passer dans ton hangar, des poules Vedette. Dis-moi si je me trompe.
Arrêtons une seconde, car je trouve l'affaire éclairante, figure-toi. Février et Poly, c'est une sorte d'union de la gauche sur fond d'écuries et d'auges à cochons. L'un est socialo, l'autre pas loin d'être communiste, et les deux serviront pendant toute leur carrière des gouvernements de droite, parce qu'ils partagent intégralement leurs vues sur l'industrialisation de l'élevage. C'est ainsi et pas autrement : il y a unanimité nationale pour transformer des animaux vivants et sensibles en simples choses, en autant d'objets. Eux qui, pourtant, nous ont tout donné – leur peau, leur chair, leur force de travail – depuis les débuts de la domestication. Eux, sans qui aucune civilisation humaine n'aurait émergé, sont changés en morceaux de barbaque un temps sur pied. Un temps aussi court que possible. Comme c'est beau !
Mais retrouvons ce cher Février. Le temps passe, la marche prodigieuse du divin « Progrès » accélère encore, et arrive enfin

la gloire. Raymond, bien que tu sois sourd comme un pot, je te conseille de regarder une émission de télé. Demande à un voisin plus moderne que toi d'ouvrir ce document (ina.fr/video/CPF06020231) sur ton écran, et revois avec moi ton passé. Nous sommes en 1970, et tu n'as que 46 ans. Enfin, tu peux mettre ton cul sur une chaise en Formica. Enfin, tu roules en Ami 8 de chez Citroën, comme tous les gueux de ton coin. Es-tu bien installé dans ton fauteuil en Skaï rouge ? Le 2 décembre 1970, l'ORTF propose l'émission *Eurêka*. Va pas t'endormir, ça commence, et ça s'intitule, car le sérieux du propos ne dédaigne pas un peu d'humour, « Sauver le bœuf ».
Sur un début de générique, une voix off : « Dans nos campagnes, on produit parfois trop de blé, trop de lait ou trop d'artichauts. Mais des bœufs comme celui-là, il n'y en a pas assez. Notre planète manque de protéines. » Aussitôt, gros plan sur un « culard », comme on appelle les animaux de foire, aussi monstrueux que les crétins bodybuildés qu'on voit sur les publicités pour clubs de gym. Voilà le but : usiner des gros culs.

Raymond Février, devenu inspecteur général de la recherche agronomique, apparaît derrière, avec un sourire fort satisfait sur la face. Il est l'invité principal de cette ode au massacre des bêtes, et il en est heureux. « La chimie, explique-t-il, a fait des progrès considérables, et nous pouvons savoir ce qui, dans la viande, les fromages, le beurre, donne leur goût à ces produits. Par conséquent, on peut extraire ces substances chimiques et les remettre dans, par exemple, des viandes artificielles. On fait du jambon, on fait du bifteck, on fait ce qu'on veut, avec ces produits-là. »
Non seulement on pouvait faire ce qu'on voulait, mais on l'a fait. Quelques instants plus tard, la caméra nous entraîne dans une étable « expérimentale » de l'INRA, où se trouve une vache entravée. Sur son flanc, une sorte de hublot, comme à bord d'un navire. Un technicien d'anthologie rapplique, enfile des gants immensément longs, et plonge le bras dans le hublot. On finit par comprendre deux choses. Un, la vache est vivante. Deux, le hublot conduit droit à l'un des estomacs de l'animal, dont le gant retire une sorte de pâtée fumante – le foin – en voie de digestion.

Le technicien fourre ce dégueulis dans une écuelle, et la voix off revient gaiement pour dire : « Cet animal pourtant bien vivant n'est en fait qu'un appareil de mesure, une chaîne de fabrication. [...] Pour juger de ce qui s'est passé dans l'usine vivante, on fait des prélèvements à tous les stades de fabrication. » Les hublots installés à même la peau des vaches prisonnières sont « des livres ouverts sur la genèse de nos plats favoris ». Et dans l'infâme bouillie arrachée aux entrailles par le gant, « il y a déjà la promesse des biftecks de demain ». La conclusion qui s'impose est « que, pour améliorer le rendement des bovins, il faut abandonner les fourrages d'antan ». À cet instant décisif entre tous, la porte s'ouvre en grand pour les importations massives de soja transgénique, dont des millions de tonnes débarquent désormais – en 2015 – chaque année dans les ports de Lorient ou Brest.

Raymond Février reprend la parole, et se fait lyrique : « L'un de nos chercheurs a étudié la carte du cerveau du porc et de l'oie et découvert chez ces animaux le centre de l'appétit. Et, en détruisant ce centre, on crée des animaux qui mangent sans arrêt. »

C'est-y pas merveilleux, ces animaux boulimiques ? Le porc donnera plus de couenne et de saucisses, l'oie offrira son foie cirrhotique pour le dîner du réveillon, mais la vache, au fait ? Réponse de Février : « Il n'y a pas de raison qu'on ne puisse pas. Il suffit qu'on nous donne des moyens et qu'on fasse une carte du cerveau de la vache. Et que le centre de satiété existe chez elle, ce que je suppose. » Il n'y a plus besoin de ces fourrages d'antan. Il faut de la protéine, que diable ! Il faut du soja. On en aura, hein, Raymond ?

Qu'il serait facile de moquer Février ! De le traiter d'eugéniste, de philonazi, de monstre. Car que signifie au fond cette obsession de la sélection génétique et de la pureté de la race, fût-elle bovine ou aviaire ? Mais Février est aussi un grand philosophe, à qui on ne la fait pas. Le journaliste finit par poser une question digne d'intérêt : « En regardant ces images, on a parfois l'impression d'une société concentrationnaire, non ? » Sans trembler, Février répond : « C'est exact, exact. Nous avons un pouvoir très grand sur la société des bovins, car avec un père nous aurons 100 000 fils. »

C'est à nous d'avoir peur. Va-t-il tomber le masque et sortir sa carte du parti national-socialiste ? Le journaliste, qui veut paraître audacieux – nous sommes, rappelons-le, en 1970 –, insiste : « Mais ce pouvoir, ne pourrait-on envisager que quelqu'un l'extrapole à la société des hommes ? »
Il va trop loin. Quand même ! Février n'est-il pas un humaniste ? Clouant le bec de l'impertinent, ce dernier lâche, avec une moue dubitative : « Rien n'est impossible, mais il y a des obstacles. [...] Il faudrait une continuité extraordinaire dans une politique pour modifier la société des hommes comme on modifie aujourd'hui la société des poulets, des porcs et des bovins. [...] Il faudrait compter, je pense, un siècle au moins pour parvenir à un tel résultat. »
C'est alors que l'incident, parfaitement invisible à l'écran, se produit. Car le journaliste reprend une dernière fois la parole, ce qui ne se fait pas. Et il ose même ces mots : « C'est-à-dire que le régime hitlérien, s'il avait vécu un siècle, aurait pu réaliser en quelque sorte, grâce à vos travaux, ce qu'il n'a pas pu faire ? » Dernière réponse de Février : « Des gens comme Hitler auraient pu faire ceci, mais l'expérience prouve

qu'ils ne vivent pas assez longtemps pour faire tout ce mal. » Ah ! si l'expérience le démontre, nous pouvons donc faire chauffer la poêle pour la savoureuse entrecôte qui s'annonce.
Raymond, si tu ne t'es pas endormi devant l'écran, tu te demandes peut-être ce qu'est devenu Février. Eh ben, il a survécu, plutôt bien. En 1975, cinq ans après cette émission, il devient directeur général de l'INRA. Son patron, quoi. Il l'avait bien mérité. Il accrochera ensuite quantité de breloques à son beau costume de serviteur de l'État, dont celui de président de l'Office national des forêts (ONF) en 1984. Mais, entretemps, Mitterrand était arrivé au pouvoir en 1981, et comme Février, on l'a assez dit, était d'une famille socialiste, je gage que le champagne a coulé à flots chez les Février au soir de l'élection du 10 mai.
Si tu as suivi depuis le début, Raymond, tu te souviens forcément de Pisani, le ministre de l'Agriculture de De Gaulle. Mais si ! Cet Edgard Pisani qui préparait les usines à lait et à viande de Bretagne, en compagnie du faux jumeau de Dédé Pochon, Michel Debatisse. Tu y es ? Bon, sache que Pisani aussi était de gauche, ce

qui tombait formidablement bien. Il avait consciencieusement servi la droite, comme Février, mais il était de gauche, comme lui. En 1981, quand la France « de gauche » doit envoyer un représentant à la Commission européenne de Bruxelles, elle pense spontanément au grand « modernisateur » en chef, qui accepte la belle proposition qui lui est faite. Ne reste qu'à bien s'entourer, ce que sait admirablement faire Pisani. Qui prend-il comme conseiller spécial le temps de son mandat de deux ans, qui s'achève en 1983 ? Je te le donne en mille : Raymond Février.

Un Raymond Février qui aura incarné, plus qu'aucun autre peut-être, le passage d'un temps où le cochon mangeait les restes de la ferme avant d'être étripé à celui, bien plus grandiose, où on lime à la naissance les dents des porcelets, de manière que les entassés ne se mordent pas entre eux de désespoir. Encore merci.

La grande éclate des premiers technocrates

S'il est une chose certaine, c'est que tout cela n'aurait pas suffi à trucider les paysans, qui étaient là depuis longtemps et en avaient vu d'autres. Il fallait des Willaume, des Bustarret, des Février et, bien sûr, des Debatisse. Mon Raymond – excuse, je deviens sentimental –, sans les technos, ça n'aurait pas flambé comme un incendie de forêt poussé par un mistral de juillet. Que non.

Un petit cours d'histoire pour commencer. Le terme « technocrate » a été forgé aux

États-Unis en 1919, à partir des mots grecs *technè* – « savoir-faire » – et *kratos,* qui renvoie à l'idée de pouvoir et de gouvernement. Jusque-là, rien à dire, mais ensuite cela se gâte. Avec Howard Scott, fondateur en 1933 d'une société savante et politique à l'américaine, Technocracy Inc.
Sur fond de Grande Dépression, un groupe de techniciens et d'ingénieurs emmenés par Scott contestent radicalement la démocratie de leur époque et envisagent sans états d'âme la création d'un régime tenu par les « Sachants », seuls capables de gérer rationnellement la question de la production et de la distribution des biens matériels.
En France, la tentation fut grande de faire pareil. Un certain Marcel Déat tenta de mettre en place la même chose. Dans les années 1930, ce dernier avait imaginé un « mouvement néo-socialiste », appuyé sur les thèses du Belge Henri De Man, dont le cœur était le plan, la planification, le « planisme ». Tout devait être piloté, organisé, surveillé par le plan, lequel était si complexe à mettre en mouvement qu'il valait mieux pour tout le monde en confier les clés aux spécialistes. Aux ingénieurs et aux techniciens. Aux technocrates, donc. Déat

finira crapule, et dirigeant sous Vichy d'un immonde parti collabo, le Rassemblement national populaire (RNP).

À la sortie de la guerre, en 1945, les idées planistes et technocratiques n'ont nullement disparu. Elles sont simplement défendues par d'autres, à commencer par l'impeccable Jean Monnet. Comment dire du mal d'un si grand ami des Américains ? Pendant la Résistance, le futur « père de l'Europe » est du côté des Alliés, mais nettement opposé à de Gaulle. Il a vu aux États-Unis, pendant le conflit, l'immense efficacité d'une économie organisée par l'État, avec un objectif limpide pour tous. Rentré en France, rallié à contrecœur au gouvernement provisoire gaulliste, il ne rêve que d'un vaste plan de reconstruction, concentré entre des mains expertes, surtout les siennes.

Cela tombe au mieux : Monnet sera commissaire au Plan entre 1945 et 1952, et, à ce titre, grand manitou du premier « plan de modernisation et d'équipement », resté dans les mémoires comme le plan Monnet, en toute simplicité. Parmi les objectifs de base figure la « modernisation » de l'agriculture. Tout ce qui est ancien doit disparaître. Le vieux ira à l'hospice et, si possible, au cimetière. Il faut dire que Monnet a sans aucun doute eu connaissance des statistiques agricoles publiées en 1947 dans un livre clé (*Progress of Farm Mechanization,* par Martin Reese Cooper *et al.*). Je sais bien, Raymond, que tu n'as jamais parlé anglais, mais tu peux toujours demander à ton arrière-petit-fils, qui est allé à l'université, de te traduire ce passage : « *Each man-hour of farm labor meant 44 percent more gross production in 1945 than it did in 1927-1921. Half of these savings in hours per unit of product resulted from mechanization. Other technological developments, primarily increases in yields of crops and livestock, were responsible for the other half.* » Ce qui signifie en gros que la productivité brute d'une heure de travail humain agricole a augmenté – aux États-Unis – de 44 % entre 1917-1921 et 1945. Pour moitié, grâce à la mécanisation. Pour moitié, grâce à d'autres astuces technologiques permettant d'accroître les récoltes et les résultats de l'élevage.

Raymond, pendant que tu trayais encore tes 12 vaches à la main après les avoir appelées une à une par leur nom, il s'en était passé, des choses, de l'autre côté de l'Atlantique. En 1900, il y avait déjà un millier de tracteurs – zéro chez nous –, qui deviendraient 920 000 en 1930 et 2 425 000 en 1945, quand l'industrie française, encore à terre, n'en produisait cette année-là que 860, avec un parc déjà vieillot de 30 000 unités. 860 ! Il te faudrait attendre des années avant de toucher ton premier tracteur miteux de la Snecma.

Selon le premier recensement d'après guerre, en 1946, il y avait 36 % de paysans dans la population active, soit un gros tiers. Et pour Jean Monnet, c'était ridiculement trop. Aux *States* si chers à son cœur, le pedzouille représentait 68,9 % de la population active en 1840, et seulement 17,6 % un siècle plus tard, avec un volume de production évidemment décuplé. On voit le père Monnet aux actualités du 5 décembre 1946. Il parle de cette voix pointue qu'avaient alors tous les politiciens. Il donne l'impression d'avoir 600 ans, mais il est tranchant : « La France est maintenant à la croisée des chemins. Si elle s'engage délibérément dans la voie de la modernisation, elle peut augmenter très rapidement sa capacité de production et sa productivité. » Le maître mot est le dernier, pratiquement inconnu

en France en ces années de reconstruction. Il ne suffisait plus de produire, il y fallait de la « productivité », dûment mesurée par les experts et leurs instruments « objectifs ». Tu étais condamné à mort, Raymond. Ton monde allait disparaître sous les roues des moissonneuses-batteuses.
Le bras armé de Monnet sera Jean Fourastié, inventeur plus tard de l'expression sinistre « les Trente Glorieuses ». Dès la fin de la guerre, Monnet embauche au Plan cet économiste qui fait tant penser à ce pauvre Raymond Barre des années 1970. Tout comme lui, il a une sorte d'optimisme idéologique chevillé au corps. Le monde qui compte parmi ses habitants un Jean Fourastié ne peut être que beau et harmonieux. Il enfile livre sur livre, comme autant de perles : en 1949, *Le Grand Espoir du* XX*e siècle. Progrès technique, progrès économique, progrès social* ; en 1951, *Machinisme et bien-être* ; et trente autres du même tonneau. Chef du service économique du commissariat au Plan, il en devient l'âme, survivant à quatre plans successifs, jusqu'en 1965. Il magnifie le mot « productivité », lancé par son patron, Monnet. Apparemment sérieux, il écrit dans un article de 1953 ces phrases

splendides : « La fortune du mot “productivité” vient de la conjonction de deux courants fondamentaux. [...] La productivité est le Times Square ou mieux encore la place de la Concorde de l'immense dédale de rues et d'avenues constitué par les innombrables branches des sciences physiques et des sciences humaines. »
Malgré tout cet enthousiasme, ce militant infatigable de la destruction des paysans ne parviendra pourtant pas au but. Certes, la production des tracteurs est passée de 860 en 1945 – on s'en souvient – à 93 600 en 1958, soit une multiplication par 109 en quatorze ans. Certes, le pouvoir crée en décembre 1954 la Société interprofessionnelle du bétail et des viandes (SIBEV), qui annonce d'autres bouleversements. Certes, on rêve déjà à haute voix de faire du paysan un travailleur comme un autre, maillon d'une chaîne de production ininterrompue. Le bouvier d'antan marchant au pas de son gros animal, la fermière et ses poules picorant sur le tas de fumier sont fermement priés de se soumettre à des lois nouvelles, celles du marché. Déjà, on ne parle plus seulement de nourrir le pays, mais de conquérir des marchés extérieurs.

Et, pourtant, sans nul soutien de personne, le plouc fait de la résistance. Le pedzouille ne veut pas lâcher si facilement sa petite ferme du plateau de Millevaches. De manière incompréhensible, il refuse le F3 de Sarcelles avec vue sur la Nationale. Les foires continuent à rassembler par milliers sabots et bouseux, bêtes et maquignons. Vivement de Gaulle !

Cette fois, tout va changer vraiment. Le retour du vieux général au pouvoir, en mai 1958, est le tournant que les technos attendaient sans y croire. Car de Gaulle, à la différence de cette IVe République foldingue et ridicule, incarne une volonté politique. Son obsession est bien connue : il rêve de grandeur. D'industrie lourde, de bombe nucléaire, d'épopée française. Dans son sillage, les émules de Fourastié que sont Jacques Chaban-Delmas, Edgar Faure et Albin Chalandon vont se retrouver aux avant-postes de la modernisation tous azimuts. Chaban a été major de sa promotion à l'école d'officiers de Saint-Cyr. Faure a été président du Conseil sous la IVe République avant de se rallier à de Gaulle et de devenir ministre de l'Agriculture. Chalandon,

inspecteur des finances, a créé une banque avec Marcel Dassault dès 1952.
La parution en 1960 du célèbre rapport Rueff-Armand, qui deviendra le moulin à prières de la technocratie, pointe les supposés « retards » de l'agriculture française. « La situation actuelle, expliquent les deux sachems, est imputable à l'archaïsme des structures parcellaires, à la faiblesse des surfaces cultivées par bon nombre d'agriculteurs, à l'inadaptation de certaines méthodes de production aux possibilités et aux exigences des progrès techniques, enfin à l'insuffisance des stimulants imputable, jusqu'à un passé récent, à un excès de protectionnisme. » Jacques Rueff et Louis Armand sont de fiers polytechniciens, qui savent traiter à la hache les équations à plusieurs inconnues. Mais l'agriculture est-elle, pour eux qui savent tout, une inconnue ? Il faut aller vite, car, écrivent-ils, « le retard de développement dans l'agriculture freine indirectement l'expansion de l'industrie et du commerce ». On ne plaisante plus.
Le premier front ouvert, qui ne sera pas le dernier, est celui de la viande, cette sainte bidoche devant laquelle le bon peuple est censé se prosterner au moins

chaque dimanche midi. Le secrétaire d'État au Commerce intérieur, Joseph Fontanet, lance une large campagne connue sous le nom de « Suivez le bœuf », destinée à accompagner une France où la consommation de viande est passée de 771 000 tonnes en 1952 à 960 000 tonnes en 1957. Parallèlement, les exportations de bidoche, pourvoyeuses de devises, flambent. Au début des années 1960, la viande représente un chiffre d'affaires bien plus élevé que les plus grandes entreprises françaises, comme EDF, la sidérurgie ou la SNCF.

Les technocrates, qui peuplent – pour la première fois à ce niveau – les cabinets ministériels, font leurs comptes. Pour soutenir une politique aussi volontariste que celle de De Gaulle, il faut une France puissante. Or le pays est une immense terre agricole qui abrite 20 millions de bovins. Et dans l'Europe qui se crée autour du traité de Rome (1957), après la Communauté européenne du charbon et de l'acier (CECA, 1952), les possibilités d'exportation de produits agricoles vers des pays comme l'Allemagne et l'Italie sont immenses. Comme ils disent dans leur inimitable novlangue, il s'agit d'un « avantage comparatif évident ».

Par un retournement de situation extraordinaire, l'agriculture peut puissamment servir l'industrialisation. En dynamitant le vieil édifice paysan, on augmentera les rendements au point d'exporter si massivement que, en retour, il sera loisible d'équiper plus vite l'industrie de machines et d'outils neufs. Tel est le rêve, qui tournera finalement au cauchemar.
Tout se met en place inexorablement. On abat les haies, on remembre à tout-va, on injecte sur chaque arpent une drogue pesticidaire qui fera des millions d'addicts, on draine les zones humides, on chasse de chez eux les paysans incapables de s'adapter, on ouvre pour eux des maisons de retraite glaçantes. La machine avance. Les hommes reculent. Une vision de l'espace et du temps s'impose en quelques décennies. Je ne me souviens plus, Raymond. Tu t'es adapté, toi ?

Remembrement, démembrement, le labyrinthe paysan

Raymond, je ne suis même pas sûr que tu aies entendu parler d'eux. Eux, les Igref. Les ingénieurs du génie rural, des eaux et des forêts, corps d'ingénieurs d'État créé formellement sous ce nom en 1965. Avant qu'ils ne fusionnent, il existait deux corps voisins, celui des ingénieurs des eaux et forêts, et celui du génie rural. Mais les Igref adorent faire remonter leur existence à une ordonnance de Philippe le Bel, en 1291, qui crée en effet l'ordre des « maîtres des eaux et des forêts », lesquels veillent, comme

leur nom l'indique, sur les cours d'eau et les arbres.
Les arbres ont une histoire, comme nous tous. Quand Napoléon s'empare du pouvoir, en 1799, la forêt française, la si profonde selve du temps des Gaulois, n'est plus. Les défrichements majeurs du Moyen Âge, suivis des désordres révolutionnaires, ont réduit sa surface à environ 8 millions d'hectares, soit moins de 15 % de la surface totale du pays. On s'alarme, surtout en montagne, où de gigantesques coulées de boue et de pierre roulent sur des pentes de plus en plus dénudées. Mais il faut attendre le départ du Petit Caporal pour que les autorités royales créent en 1824 à Nancy une École royale forestière chargée de sauver ou de « reforester » ce qui peut l'être. Pour commencer, on interdit largement le droit de pacage traditionnel des troupeaux dans des forêts devenues – y compris celles confisquées à la noblesse – des biens d'État. Dans un article publié en 1962, l'ingénieur général des eaux et forêts Raymond Viney, ancien directeur de l'école de Nancy, expliquera sans fioritures l'état d'esprit des forestiers du XIXe siècle : « En 1820, toutes les industries marchaient au bois. Les forges

utilisaient encore 10 millions de stères, en majorité sous forme de charbon de bois, les verreries, les tuileries, les salines, les poteries consommaient du bois de feu et Paris avait besoin d'un million de stères de bois pour son chauffage [...]. Il faut du bois pour les traverses et pour les wagons. Les mines sont en pleine expansion. Il faut des étais. L'essor industriel commence. »

À partir de 1860, « l'administration des Eaux et Forêts » lance le vaste programme « restauration des terrains en montagne » (RTM), qui conduira par exemple à des plantations massives sur l'Aigoual. En plaine, l'incroyable opération des Landes, menée à partir de 1857, va changer à jamais ce magnifique pays au sud de Bordeaux. Jusque-là, les Landes de Gascogne sont une sorte de gigantesque zone humide d'environ 15 000 km², propriété commune d'éleveurs de brebis. Ils sont pauvres, mais vivants, du moins jusqu'à ce que des entrepreneurs avisés découvrent l'intérêt commercial du gemmage.

La résine extraite du pin maritime, indispensable dans de nombreux usages industriels, se vend à prix d'or. La région des Landes, où des dunes ont été plantées de pins maritimes pour les fixer, est à tout point de vue idéale pour une opération géante. Sous couvert de philanthropie – ne faut-il pas sauver les moutons et leurs bergers sur échasses des miasmes des marécages ? –, la « loi relative à l'assainissement et de mise en culture des Landes de Gascogne » du 19 juin 1857 conduit à la plantation accélérée d'un million d'hectares de pins maritimes. Les ingénieurs des eaux et forêts sont derrière cette opération militaire, qui exproprie les habitants de leur propre pays. C'est le triomphe d'une vision industrielle de la forêt. Les pins sont aussi monotones que les épis de maïs de l'agriculture intensive. Le même esprit des mêmes personnages conduira en 1946 à la création du Fonds forestier national (FFN), chargé du reboisement en résineux de régions entières, pour les besoins de l'industrie et de la reconstruction. S'il est une chose que je déteste, Raymond, c'est d'apercevoir au loin, sur les pentes du Causse Méjean, sur le Cézallier ou l'Aubrac, vers le Mézenc, ces vastes saloperies noires, dessinées à la règle d'ingénieur. Ces amas d'arbres serrés les uns contre les autres, où la lumière n'atteint pas le sol, c'est la mort. Je trouve.

Mais revenons au début du XXe siècle. Les mêmes causes produisant les mêmes effets, on crée le 26 décembre 1918 – les guerres sont des moments très favorables à ces mouvements du monde – le corps du génie rural, en remplacement de celui des améliorations agricoles. Il fallait évidemment appliquer aux campagnes ce qui avait si excellemment fonctionné dans nos forêts. L'essentiel est de comprendre ceci : les Igref et leurs prédécesseurs – les « eaux et forêts » et le « génie rural » – ont eu à gérer le remodelage de la France pour satisfaire aux besoins de l'industrie.

Je ne peux pas tout te raconter ici, mais je suis sûr que, dans ton village ou autour, tu as entendu parler de leurs prouesses. Toute l'architecture du ministère de l'Agriculture – et en partie de celui de l'Environnement, créé en 1971 –, c'est eux. Toutes les administrations centrales, presque toutes les directions départementales de l'agriculture (DDA), l'Office national des forêts (ONF) et un nombre proprement incalculable de trucs et machins publics ou parapublics ont été, sont ou seront dirigés par cette « noblesse d'État » analysée par Pierre Bourdieu dans un livre du même nom. Ils survivent à tous les changements de régime, guerres et révolutions comprises. Comment ne mépriseraient-ils pas ces ministres qui viennent se pavaner un an ou deux sous des ors dont ils ne savent rien, quand les ingénieurs ont tout pensé, planifié et réalisé depuis des décennies, sinon des siècles ?

Pour en revenir à ton cas personnel, Raymond, je n'aurai qu'un mot, celui de remembrement. Celui-là, je suis certain que tu le connais. Pour les ingénieurs, pour les politiques, pour les « syndicalistes » paysans, pour les chercheurs de l'INRA, il fallait faire exploser le cadre foncier hérité de mille ans d'histoire. Je vais te dire : comme c'était chiant ! Comme le lacis des propriétés agricoles était compliqué ! Les héritages et leurs infernales règles, les spoliations, les expropriations, les révolutions avaient transformé la carte du monde paysan en un labyrinthe dépourvu du moindre fil d'Ariane.

Je me souviens d'une discussion, il y a vingt ans, avec Bernard Gérard, alors délégué en Bretagne du Conservatoire du littoral. Il cherchait à acheter en notre nom à tous des propriétés situées près de la pointe du Raz, dans le Finistère. Et il m'avait montré sur la carte combien c'était difficile. On y voyait les marques du passé, sous la forme de bandelettes de terre de quelques dizaines de mètres de largeur, sur peut-être 200 mètres de longueur. Pour chaque bande, un héritier. C'est ainsi que les familles paysannes réglaient les héritages. En divisant sans cesse et sans fin leur bien entre les héritiers de la maison, jusqu'à rendre l'avenir impossible.

Ce jour-là, j'ai compris que les campagnes pouvaient, avaient besoin d'être changées. Aucune structure ne doit rester trop longtemps dans la poussière du temps. J'en suis bien d'accord. Mais fallait-il vraiment ravager ? Fallait-il imposer la loi abstraite des machines et du fric à ce qui était une fabuleuse manière de vivre ? Qui étaient ces Igref pour oser détruire le sens d'une présence millénaire, le nom des buttes et des champs et des chemins creux et des rus ?

On trouve dans un article de Jean Roche, inspecteur général du génie rural, paru en 1951[1], la teneur, et même la saveur de ce

1. « Les aspects essentiels du remembrement rural en France », *Bulletin de la Société française d'économie rurale*, vol. III, n° 4, oct. 1951.

qui allait se passer. Citant Henry Pattullo, auteur d'un livre sur l'état de l'agriculture, en 1758, Roche, deux cents ans plus tard, note : « Le remembrement des terres n'est pas, en France, un problème nouveau ; les conséquences néfastes pour la culture du parcellement des exploitations ont été dénoncées depuis fort longtemps [...]. Que dirait aujourd'hui Pattullo, en voyant des tracteurs condamnés à évoluer sur nos parcelles de culture actuelles dont la surface moyenne est voisine de 75 ares ? »
Oui, Raymond, qu'aurait dit ce Pattullo que l'on convoquait ainsi si longtemps après sa mort ? L'horrible situation ne pouvait durer plus longtemps : les machines devaient pouvoir passer librement dans le paysage – écrasant les obstacles que les hommes avaient imaginés pendant ce si long apprivoisement des terres de France.
Et, passant sans entrave, elles feraient des miracles, ainsi que le précisait un peu plus loin, dans le même article, l'inspecteur Jean Roche : « On conçoit donc que les avantages directs du remembrement, qui sont considérables, ont fait l'objet de nombreuses études et l'on peut traduire d'une manière simple en indiquant qu'en

moyenne l'augmentation de rendement peut atteindre 15 % et la diminution des frais d'exploitation 30 %. Mais le remembrement ne peut donner son plein effort que s'il tend, à l'intérieur d'une exploitation déterminée, à donner une structure d'accueil convenable à la traction mécanique. » Le remembrement avait pu exister et remodeler au passage quelques centaines de milliers d'hectares, mais ce qui commence dans les années 1950 est une révolution des paysages et un incroyable hold-up sur les terres. Je suis bien certain que tu as vu cela de près, et je serai donc rapide, Raymond. Soit une commune quelconque. Un proprio a l'intuition qu'il a tout à gagner d'une nouvelle répartition des terres. Il envoie une demande au préfet, qui réunit une commission communale d'aménagement foncier (CCAF). Celle-ci rassemble des proprios triés sur le volet, un juge, trois envoyés de la Chambre d'agriculture, eux aussi triés sur le volet, et deux représentants de la direction départementale de l'agriculture (DDA), aux mains des Igref. Dans cette sinistre comédie, les Igref sont le moteur et l'accélérateur, car ils ont dans leur tête le schéma d'ensemble : place au neuf !

En théorie, il s'agit d'un échange. Monsieur A donne à monsieur B un bout de terre et reçoit en échange un autre bout de valeur agronomique équivalente. À terme, la carte agricole est redessinée, les propriétés rassemblées, agrandies, et la sacro-sainte productivité explose. Une association foncière achève le boulot sous la forme de nouveaux chemins agricoles, de « recalibrage » de ruisseaux, tous travaux sur lesquels les Igref touchent des « indemnités compensatoires ». C'est l'une des clés de la construction. Ils touchent. Sur les installations d'irrigation pour les terres trop sèches, sur le drainage des terres trop humides, sur le moindre arrachage d'une haie ou d'un arbre. Tout le monde est content, sauf les innombrables victimes du changement, auxquelles ce dernier est imposé par la loi. Impossible de dire non ! Inutile !

L'histoire de ce colossal désastre technocratique reste à écrire, et ne le sera peut-être jamais. Où sont les sources ? Mortes sans laisser la moindre adresse à ceux de l'avenir. À l'arrivée, 17 millions d'hectares – 170 000 km^2 ! – sur 29,5 millions d'hectares de surface agricole utile (SAU) ont été remembrés. Sur les cartes les plus fines, à

1/25 000, le tracé des parcelles est méconnaissable. Bien sûr ! Bien sûr, le remembrement a aussi, au passage, amélioré quantité de situations injustes, parfois infernales. Ce n'est pas le principe du mouvement qui est en cause, mais ses objectifs et son déroulement en Blitzkrieg. Prenons l'exemple affreux de Geffosses, dans la Manche. En octobre 1983 – et cela dure encore –, Georges Lebreuilly, petit paysan, apprend qu'un remembrement est prévu. Jusqu'ici père peinard, avec ses 25 vaches et ses 20 hectares de prairies naturelles, il va se transformer en activiste. La réunion de lancement ? Sous la conduite de la DDA bien sûr, et donc des Igref, en présence de propriétaires qui sont aussi conseillers municipaux, le grand chambardement est programmé. Une bataille au couteau commence, qui voit Lebreuilly devenir maire, qui voit Lebreuilly se jeter sous les chenilles des bulldozers, pour sauver un chemin creux. L'ordre officiel est rétabli par 160 gendarmes, et, après la découverte par Lebreuilly de singulières pratiques concernant les travaux « publics », un armistice est finalement conclu. D'un côté, l'essentiel du remembrement est fait, avec par exemple le bétonnage de l'ancien chemin-rivière où Georges allait se promener le dimanche. De l'autre, 80 kilomètres de haies ont été sauvés *in extremis*. Il en aurait fallu 10 000, de ce Georges Lebreuilly, qui fit élever sur place, en 1994, un monument aux victimes du remembrement. On y peut lire : « C'est parce qu'ils ont subi la tyrannie du système administratif que des hommes ont édifié ce monument. Opprimés mais debout pour défendre la liberté et les droits de l'homme. »

Je te parlais plus tôt du monument aux morts de Cazalrenoux, et, comme tu le vois, il y a bien des manières de mourir. On peut même être vivant et transporter avec soi le souvenir de morts anciennes. Il y a huit ans, j'ai rencontré en Bretagne Bruno Bargain, qui est l'un de nos grands ornithologues. Il passe une partie de tous ses étés dans la baie d'Audierne, à baguer des piafs de 12 g en partance pour l'Afrique tropicale. C'est aussi un Breton, qui fut un gosse du bocage, quand ce mot désignait un équilibre déroutant entre les ressources du lieu, bêtes comprises, et ses fragiles habitants humains.

À Plonéour-Lanvern, alors que nous étions arrêtés devant une morne étendue, il m'avait dit : « On ne peut pas se rendre compte. La blessure est si profonde ! Est-ce que tu vois ce champ au loin, dont le bout touche le clocher ? Dans mon enfance, il y avait là dix parcelles, peut-être plus. Avec des centaines de rangées d'arbres dans tous les sens, qui créaient une sorte de mystère. Qu'y avait-il derrière le talus ? »

Le dimanche de Pâques, Bruno se levait et partait à pied avec son grand-père, passant d'un champ de patates à un carré de luzerne, suivant un chemin creux, poussant la porte d'une haie dense, qui ouvrait sur un nouveau petit pays. Le but du voyage était de rapporter dans la casquette des œufs de merle ou de grive, pour préparer à la maison la grande omelette du jour de fête. Bruno : « Il y avait des nids partout, à profusion. Chaque parcelle abritait sa compagnie de perdrix grises. » Et, question oiseaux, je répète qu'il sait de quoi il parle. Ainsi disparut la Bretagne. Selon les estimations de Jean-Claude Lefeuvre, un universitaire de réputation mondiale, 280 000 kilomètres de haies et de talus boisés auraient été arasés dans cette région entre 1950 et 1985. 280 000 kilomètres ! Soit 7 fois le tour de la Terre. Pour la seule Bretagne.

C'est à pleurer, et je te jure bien que certains soirs, pensant à ce merdier si désespérant, je n'en suis pas bien loin. Mais au fait, ces Igref dont je te rebats les oreilles, que sont-ils devenus dans la tourmente ? Précisons tout de suite que, malgré leur pouvoir immense, ils n'ont jamais été plus de 1 500 en activité. Mais quelle activité ! En 2009, l'imagination bureaucratique au pouvoir décide de fusionner le corps des Igref avec celui des Ponts et Chaussées, ce qui donnera une énorme boursouflure techno appelée corps des ingénieurs des ponts, des eaux et des forêts (IPEF).

Les ingénieurs des Ponts sont une caste voisine, née en 1716, entièrement vouée à la révolution industrielle. Les IPEF – un peu plus de 1 500 en 2009, année de la fusion – ont démembré la France comme bien peu. On leur doit canaux et rivières « rectifiées », équipements touristiques et barrages, routes et autoroutes, ports et aéroports, châteaux d'eau et ronds-points, et même un peu de nucléaire sur les bords. Inutile de dire que l'alliance des Igref et des Ponts nous prépare de nouvelles surprises, dont les nanotechnologies ne sont que l'un des nombreux hors-d'œuvre. La droite, avant 2012, avait dans ses premiers rangs des Igref de poids, comme Nathalie Kosciusko-Morizet. La gauche, après 2012, aussi. On ne parle pas encore beaucoup de Diane Szynkier, animatrice du pôle écologique du candidat François Hollande. Cela viendra certainement. Elle est jeune, compétente, Igref. Son heure viendra donc. Raymond, ne va surtout pas croire que je ricane en mon for intérieur d'avoir ainsi ferraillé contre tous ces braves gens. Même si je rigole un peu, c'est pour mieux cacher le reste. Allons, n'en restons pas là. Le philosophe Paul Ricœur a donné au journal *Le Monde,* dans son édition du 29 octobre 1991, un entretien dont j'extrais ceci : « Il ne s'agit pas de nier l'existence de domaines où des compétences juridiques, financières ou socio-économiques très spécialisées sont nécessaires pour saisir les problèmes. Mais il s'agit de rappeler aussi, et très fermement, que, sur le choix des enjeux globaux, les experts n'en savent pas plus que chacun d'entre nous. Il faut retrouver la simplicité des choix fondamentaux derrière ces faux mystères. » C'est pas si mal résumé.

Fiat panis ! Du pain, mais surtout du flan

Avec ton autorisation, Raymond, je résume. Enivrés d'Amérique, des commandos français venus de l'INRA, de la recherche, de la haute administration, du « syndicalisme » paysan officiel sautent à pieds joints sur les campagnes, fusillent sans jugement quelques millions de paysans attardés dans un monde condamné, enferment à triple tour veaux, vaches et cochons, inondent les champs de nouvelles molécules chimiques, et finissent la journée en se tapant dans le dos de contentement. N'ont-ils pas mérité de la patrie ?

Mais certainement, et même de l'humanité entière, comme le montre la nomination de Luc Guyau à la présidence de la FAO en novembre 2009. Car, en effet, la FAO, c'est le monde. Cette Food and Agriculture Organization, ou Organisation des Nations unies pour l'agriculture et l'alimentation, a été créée à Québec en 1945, dans la foulée de la naissance de l'ONU. On dit depuis toujours que les fonctionnaires internationaux se battent pour avoir une place au siège romain de la FAO, Viale delle Terme di Caracalla. La soupe des restaurants de la capitale italienne est si bonne que les gros salaires d'expatriés permettent de se resservir autant qu'on veut.

Pour entretenir ses troupes – compter autour de 3 500 employés –, la FAO dispose d'un budget d'environ 1 milliard de dollars, ce qui permet de voir venir. Mais au fait, Raymond, tu te souviens sans doute de l'euphorie de la Libération, non ? Le programme du Conseil national de la Résistance (CNR) ici, les envolées de l'ONU là-bas. Comme on avait envie d'y croire. Regarde, je lis l'un des textes de la FAO, publié juste après sa fondation : « La Seconde Guerre mondiale a pris fin il y a moins de six mois, après près de six années de lutte en Europe et plus de dix en Chine. Elle a laissé derrière elle d'immenses difficultés, dont celles de fournir nourriture et abri aux populations sinistrées. Comme un délégué l'a déclaré, “la guerre est finie, mais une nouvelle armée se lève, faite de techniciens, d'agriculteurs, de scientifiques, de travailleurs, qui marque le début d'un nouveau combat contre la désorganisation, la pauvreté, la famine, l'incertitude et le mal”. »

Mazette ! Ça fait quand même beaucoup. Pour bien montrer le sérieux de l'entreprise, la FAO s'est dotée dès sa constitution d'un admirable logo : un grain de blé où s'entortillent ses trois lettres. Juste au-dessous, une inscription latine, *Fiat panis !*, qui signifie opportunément : « Qu'il y ait du pain ! » Et pour tous ! De ce point de vue, l'échec est si retentissant qu'il devrait conduire tous les dirigeants de la FAO depuis soixante-dix ans à partir sous les huées ou à se retourner de honte dans leurs tombes.

Mais voyons donc. Il n'y a pas de doute que la famine accompagne l'aventure humaine. Et même si la stabilité a souvent régné – hors catastrophes naturelles ou politiques –, il est établi que des hommes ont eu faim sous tous les régimes de toutes les époques. La différence avec notre temps saute aux yeux : la FAO, autorité mondiale appuyée sur la légitimité de l'ONU, n'a d'autre but que d'éradiquer la faim. Dans les faits, elle n'aura jamais qu'accompagné l'industrialisation de l'agriculture, au service des transnationales du secteur.

Je préférerais, de loin, qu'il s'agisse d'une calomnie, mais les faits sont terribles. Dans le droit-fil de ce que je t'ai déjà raconté – le plan Marshall et l'application grossière des méthodes américaines en Europe –, une autre offensive industrielle vise au même moment ce qu'on n'appelle pas encore le tiers-monde. Les fondations étasuniennes Ford – tiens donc – et Rockefeller financent au Mexique, à la sortie de la guerre, des recherches sur de nouvelles variétés de blé et de maïs, beaucoup plus productives. L'un des chercheurs, l'Américain Norman Borlaug, recevra le prix Nobel de la paix en 1970, pour la raison qu'il aurait sauvé des pays entiers d'inévitables famines de masse.

Je serais ridicule de nier l'évidence. Ce qu'on a appelé la « révolution verte » a bel et bien permis d'augmenter les rendements agricoles et sauvé quantité de vies humaines. La propagande qui entoure cette colossale entreprise commerciale parle, elle, sans gêne ni retenue, d'un milliard de miraculés. On ne se battra pas ici à coups de statistiques, mais il faut de toute manière raconter le reste de l'histoire. Car l'apparition providentielle de nouvelles variétés, généreusement distribuées en Asie – Pakistan et Inde notamment – et en Amérique latine, aura été le formidable cheval de Troie de la motorisation, de l'irrigation massive et de ses tuyauteries, des engrais et des pesticides. Le même modèle que celui appliqué en France !

Personne n'est en mesure de tirer le bilan global de ce qui est sans conteste une aventure. Une chose est certaine : l'Inde ne pouvait pas se la permettre. Partout dans ce si vaste pays, peuplé de près de 1,3 milliard d'habitants, les nappes phréatiques baissent à un rythme tel qu'elles ne pourront plus, d'ici une génération au plus, remplir les estomacs. Les pesticides ont littéralement pourri la quasi-totalité des eaux de surface, avec des molécules souvent interdites en Europe en raison de leur toxicité. Et les sols eux-mêmes, épuisés par le matraquage chimique, ont perdu pour très longtemps leur fertilité naturelle. En somme, l'avenir semble barré. À cause de cette fameuse « révolution verte ». Elle n'est pas responsable de tout, mais elle est bel et bien devenue le symbole d'une tragique impasse. Car l'impasse est là. En juillet 2013, l'Inde annonçait un « plan de sécurité alimentaire » visant à éradiquer la faim. Encore ? Encore. Un gosse sur deux y est sous-alimenté.

Ailleurs dans le monde, le bilan des politiques menées par la FAO est également de faillite. Il suffit de prendre quelques dates. Les leurs, en la circonstance. En novembre 1974, l'ONU et la FAO convoquent une pompeuse Conférence mondiale de l'alimentation, qui donne l'occasion de verser des tonneaux de larmes de crocodile. Pour l'occasion, on entend Henry Kissinger, le secrétaire d'État américain, déclarer : « Nous devons proclamer un objectif audacieux : que dans dix ans aucun enfant ne se couche plus le ventre vide. »

Presque au même moment, on lui prête cette phrase peut-être plus proche de ses pensées profondes : *« Control oil and you control the nations ; control food and you control the people. »* Celui qui contrôle le pétrole tient les pays ; celui qui tient la nourriture contrôle les peuples. Et en 1970, le Chilien Salvador Allende prend le pouvoir à Santiago. Dans les coulisses, un certain Kissinger prépare déjà le coup d'État de 1973, qui passera par des pénuries alimentaires organisées et des manifestations de casseroles vides contre le régime de gauche.

Revenons un instant à la grand-messe onusienne de novembre 1974. Elle s'achève sans grande surprise par une « Déclaration universelle pour l'élimination définitive de la faim et de la malnutrition ». Laquelle affirme que « la situation s'est encore aggravée ces dernières années, à la suite d'une série de crises qui ont frappé l'économie mondiale ». Rappelons que nous sommes encore dans l'euphorie née des prétendues « Trente Glorieuses », et que l'incroyable expansion de l'après-guerre n'a donc rien réglé. Voyons la suite.

En 1996, rebelote. Nouveau Sommet mondial de l'alimentation, à Rome. Et nouvelle déclaration sur le déshonneur de dizaines de chefs d'État et de gouvernement : « Nous proclamons notre volonté politique et notre engagement commun et national de parvenir à la sécurité alimentaire pour tous et de déployer un effort constant afin d'éradiquer la faim dans tous les pays et, dans l'immédiat, de réduire de moitié le nombre des personnes sous-alimentées d'ici à 2015 au plus tard. »

Jacques Diouf, inamovible directeur général de la FAO, confirme en 1996 tranquillement l'objectif de 2015 : « Nous sommes capables de réaliser cet objectif, nous avons les ressources et, comme le prouvent la Déclaration de Rome et le Plan d'action, nous avons aussi la volonté politique de le faire. » Or, et comme il faut faire confiance, il ne reste plus que vingt ans à attendre – de 1996 à 2015 – pour voir réduit de moitié le nombre des affamés.

En 2000, on fait un premier point guilleret : 193 États et 23 organisations internationales, au premier rang desquelles l'inévitable FAO, contresignent avec leur sang les Objectifs du millénaire pour le développement (OMD). Première des priorités : réduire la faim. De moitié. D'ici à 2015. On a déjà entendu, mais il est toujours bon de répéter d'aussi bons sentiments. Donc attendons. Il ne manque jamais que quinze ans.

En juin 2009, la FAO annonce sur un ton mélodramatique que, « pour la première fois dans l'histoire de l'humanité, plus d'un milliard de personnes (1,020 milliard) dans le monde souffrent de sous-alimentation ». Dans le même mouvement, la FAO reconnaît ce que tout le monde savait : l'engagement de 2015 n'est que billevesées. Foutaises. La faim ne régresse pas. Elle augmente. Il est vrai qu'il ne s'agit que de chiffres absolus. Il est vrai qu'en pourcentage de la population mondiale les statistiques montrent une baisse. Mais il est tout aussi certain que le nombre d'affamés croît, dans un monde où l'obésité explose.

Au-delà, cette question que seul l'avenir tranchera : combien de temps les terres agricoles seront-elles capables de maintenir de tels niveaux de productivité ? Telle est la question qui obsède tous, TOUS les agronomes sérieux de la planète. L'Américain Lester Brown, l'un des meilleurs, déclare que la production alimentaire mondiale connaît une stagnation, qui annonce de

terribles baisses. Entre autres, pour quatre raisons principales : épuisement des sols, baisse des nappes phréatiques, consommation croissante de viande – qui immobilise des terres à céréales –, dérèglement climatique. Le monde va vers la famine, la famine de masse, malgré et en partie à cause de la FAO.
Quant à Luc Guyau, son président, il est un nom qui résonne fort dans notre si petit pré carré français. Accordons-lui quelques mots. Qui est-il ? Au départ, un éleveur de Vendée, territoire fortement marqué par l'Histoire et, de manière plus drôle et anecdotique, par un certain Philippe de Villiers, de son nom complet Philippe Le Jolis de Villiers de Saintignon, maître et suzerain des célèbres fêtes du Puy du Fou.
Guyau est un vrai éleveur de vaches, mais sur le versant industriel de cette activité, ce qui est bien le moins quand on veut faire carrière. Et telle est la situation de Luc Guyau quand il se lance à l'assaut du « syndicalisme » paysan officiel. En 1975 – il n'a pas encore 27 ans –, il préside déjà le Centre départemental des jeunes agriculteurs (CDJA) de Vendée. Puis il s'attaque à la FNSEA du département, qu'il avale

en 1984. Puis la chambre d'agriculture de Vendée, bouffée elle aussi, comme l'Assemblée permanente – nationale – des Chambres d'agriculture. Viennent, avec ces nobles postes, la présidence nationale du CDJA et celle de la FNSEA, de 1992 à 2001. On chercherait en vain un agro-manager mieux traité que lui, à quoi il faut ajouter que Luc Guyau est un fier militant de la droite française, l'UMP. C'est Sarkozy, alors président de notre reconnaissante République, qui l'a propulsé président de la FAO. C'est Sarkozy qui l'a nommé en 2011 inspecteur général de l'agriculture, un fromage de plus dans la besace du paysan. Guyau, comment dire ? Je t'ai parlé plus tôt d'un gars de ta génération, Michel Debatisse. Eh bien, Debatisse avait en lui quelque chose que ne connaîtra jamais Guyau. Il lui restait de la naïveté, un zeste de fraîcheur qui devait le bercer les nuits d'insomnie, quand il se demandait si la tuerie de masse des paysans valait vraiment le coup. Guyau est l'homme de la génération suivante. Il sait parfaitement que les campagnes sont foutues, saturées par les pesticides et les porcs industriels de ses copains. Il le sait. Mais la vie est si douce dans les bureaux romains de la FAO, Viale delle Terme di Caracalla. Faut le comprendre, le bougre. Que te dire ? Que la FAO me donne envie de dégueuler ? Je te le dis. Ces putains de bureaucrates et leurs discours de salauds sur l'horreur de la faim me débectent. S'il régnait la moindre justice, on le saurait. S'il régnait la moindre justice, la FAO dans son entier serait virée avec perte et fracas pour cause de délirante incompétence. La FAO est sans détour l'agent de l'agriculture industrielle. Et s'il était possible de délimiter les responsabilités dans le désastre inouï où sont plongées les paysanneries du monde, nul doute que la FAO serait sur le podium. Médaille d'or ? Qui sait ?

Le sourire de Xavier Beulin et le beau magot de Sofiprotéol

Regarde son sourire ! Non, Raymond, ce n'est pas une publicité pour les dentifrices Gellé Frères, de celles que l'on voyait avant guerre, quand tu avais encore la vie devant toi. Eh non. C'est Xavier Beulin. Comme tu reçois encore *Le Journal du fermier et métayer,* cette feuille mensuelle de la FNSEA, tu connais forcément sa gueule d'acteur de série B, yeux bleus et dents en bandoulière. Il est le président du syndicat à qui tu refiles tes picaillons depuis qu'il a commencé son œuvre, en 1946. Même les

archiretraités de ton espèce cotisent à la FNSEA, qui a survécu à tous les ministres de l'Agriculture et survivra jusqu'au dernier paysan encore debout. Ou subclaquant. Oh, la FNSEA !
Qui dira jamais jusqu'où sont allées les choses ? Après 1945, comme je te l'ai déjà raconté, tout le monde communiait dans le fantasme du « progrès » sans limites. Tracteurs et pesticides ! Eau courante et Formica ! Juvaquatre Renault et TSF ! Le ministère de l'Agriculture, concubin notoire de l'industrie, a vite trouvé en la FNSEA son interlocuteur essentiel, le seul capable de faire accepter aux paysans leur suicide collectif. Il faut le reconnaître : le coup de la cogestion était génial. Je te résume. 1. La « modernisation » est inévitable. 2. Cette modernisation-là est inévitable. 3. Il est plus agréable de recevoir une aumône et une place en maison de retraite qu'un coup de matraque et un refus de financement par le Crédit agricole. 4. Il vaut mieux être du côté du manche que d'avoir la tête sur le billot. 5. Les braves de la FNSEA étant partout où circule le pognon des subventions, il est plus malin de prendre sa carte que

d'adhérer aux mouvements anarchistes.
6. Comme on aurait dit dans le *1984* d'Orwell, la mort, c'est la vie. Et l'étable, c'est une usine. Et la vache, c'est un pas de vis doublé d'un engrenage.
Depuis soixante-dix ans, la FNSEA est associée de très près à toutes les décisions prises au sujet des paysans. Et elle a été à l'origine des plus grandes réformes du secteur. Si tu connais un autre syndicat à ce point attaché à la mort de ses mandants, Raymond, fais-moi signe. En 1945, on comptait environ 10 millions d'actifs à la campagne, et il en subsiste au grand maximum 1 million. Certains disent 500 000. Dans le même temps, la population totale est passée de 40 millions à 66 millions. Il ne reste que des souvenirs.
Sauf pour Beulin, bien sûr, dont l'avenir est définitivement assuré. Mais je n'ai pas même fait les présentations. C'est un industriel égaré dans ce que les journalistes appellent, par paresse, des champs. Le territoire de Xavier Beulin est en réalité une vaste zone d'activités de la Beauce – 500 hectares – mécanisée, financiarisée, mondialisée. Du blé, du colza, du tournesol, du maïs, de l'orge. Né en 1958 – l'année

du retour de De Gaulle –, il a abandonné le lycée à 17 ans, à la mort de son père, et repris l'exploitation, qu'il a ensuite considérablement agrandie.

Bien entendu, c'est un battant, et même un *winner,* un gagnant. Il prend la tête des Jeunes agriculteurs du Loiret, comme l'avait fait Guyau en Vendée, et commence une collection de titres qui le mènera au sommet. Un sommet à deux pointes. La première s'appelle Sofiprotéol, dont je reparlerai plus loin. Et la seconde est, cela n'étonnera personne, la FNSEA. Oui, comme Guyau. Comme Debatisse. Qui veut régner doit devenir le roi.

Nous sommes le 16 décembre 2010, et le conseil d'administration de la FNSEA vote. Il s'agit d'élire le onzième président du syndicat, en remplacement du producteur de lait Jean-Michel Lemétayer, en poste depuis 2001. La tradition, jusqu'alors respectée, est de désigner un éleveur, si possible adossé à la polyculture. Mais pas cette fois. Après un vote complexe, dont on connaîtra peut-être le détail un jour, Beulin est élu par 36 voix contre 31. Un gros céréalier s'empare du syndic de liquidation de la paysannerie. Est-ce pour autant un tournant, comme l'assurent sur le moment tous les journalistes spécialisés ? Plutôt un triomphal parachèvement. Beulin parle en effet la novlangue de son temps, la seule encore audible.

Dans ses tout premiers discours après l'élection rapportés par l'AFP, Beulin montre à quel point il est à l'aise dans le monde de ses pairs du CAC 40. Les paysans sont des « producteurs », qui ne sauraient être « de simples variables d'ajustement en termes de prix ». Il s'agit, pour le nouveau patron, de s'intéresser « aux processus de transformation pour en maîtriser un retour en valeur ajoutée. Cette intégration dans les processus de transformation peut se faire à travers sa coopérative, la recherche de procédés plus innovants par le biais de fonds d'investissement ou encore la contractualisation ». Tête du maraîcher nantais. Tête de l'éleveur de vaches Aubrac du Cantal. Tête de l'éleveur de moutons des Pyrénées. Si Beulin est à ce point « décomplexé », c'est qu'il est déjà à cette époque, et depuis plus de dix ans, le patron d'un monstre protéiforme appelé Sofiprotéol. Raymond, je crois bien que je vais te surprendre, car Sofiprotéol emploie autour de

8 500 personnes, pour un chiffre d'affaires de 7,3 milliards d'euros en 2012. Comment est-ce possible ? Je t'avoue que je n'en sais rien, mais je connais au moins quelques repères. En 1983, des machins aussi goûteux que la Fédération française des producteurs d'oléagineux et de protéagineux (FOP), l'Organisation nationale interprofessionnelle des graines et fruits oléagineux (ONIDOL) et l'Union nationale interprofessionnelle des plantes riches en protéines (UNIP) créent une sorte d'entreprise vouée au développement de filières, vitales pour les millions de tonnes de plantes industrielles comme le colza ou le tournesol. Le « cœur de métier », comme ils disent, c'est l'huile, les huiles, ce qui explique le rachat de Lesieur en 2003.
Mais le véritable déclic sera, dès 1990, le dépôt de la marque de biodiesel Diester, qui assure un débouché de première importance au colza ou au tournesol – voire au blé – sous la forme d'un carburant tiré des végétaux. Au fil des années et maintenant des décennies, Sofiprotéol s'est merveilleusement diversifié, au point d'être devenu le grand argentier de l'agriculture industrielle. La bonne question n'est pas de savoir

jusqu'où cette machinerie géante a étiré ses bras articulés. Mais plutôt de chercher des secteurs où elle n'a pas encore posé le pied. Dressons un début de liste, qui n'est qu'un échantillon.

Les OGM ? Cela tombe sous le sens. Sofiprotéol est actionnaire de Biogemma depuis 1997. Or Biogemma a mis au point un maïs génétiquement manipulé pour officiellement mieux résister à la sécheresse. En France, ces parcelles ont régulièrement été visitées et détruites par des groupes de Faucheurs volontaires, ce qui a conduit Biogemma à délocaliser ses essais aux États-Unis en 2008.

Ensuite ? Ensuite, Hendrix Genetics, transnationale de la génétique animale, dont Sofiprotéol possède 12 %. Ah ! Comme cela sent bon la ferme. Hendrix Genetics a la mission permanente d'améliorer la performance, et ne manque jamais l'occasion de saluer le travail impeccable de ses chercheurs. Parmi les dernières prouesses, l'anomalie héréditaire du gène FM03, découverte en laboratoire après des années d'efforts. C'est une pure et simple horreur, car les poules victimes de cette altération produisent des œufs sentant le poisson

pourri dès que le colza dépasse 3 % de leur ration alimentaire. Or, rappelons-le, le colza est l'une des plantes fétiches de Sofiprotéol, bien moins coûteuse que le soja importé.
Mais les chercheurs de Hendrix Genetics ne se sont pas contentés d'identifier le gène « défectueux » : ils ont dans la foulée imaginé un test bon marché, qui permet de liquider à la naissance les poules qui en sont les porteuses. Dès la naissance, poubelle. Et profits, car on peut dès lors nourrir les survivantes sélectionnées avec le colza de Xavier Beulin – jusqu'à 10 % du total –, sans courir le risque de devoir bêtement jeter des œufs à l'odeur de vieille marée.
Autre secteur d'importance : les semences. Grâce à la création d'une holding commune avec le géant InVivo – qui commercialise la moitié des pesticides vendus en France –, Sofiprotéol est ainsi l'un des maîtres de l'amont. Également de l'aval, avec des filiales dédiées à l'oléochimie – la chimie des huiles végétales – ou plus généralement à ce que la propagande commerciale nomme la « chimie verte ».
Et pas question d'oublier l'autre versant des activités, rangées dans la catégorie « alimentation animale ». Prenant le

contrôle en 2007 du leader français Glon Sanders, Sofiprotéol refermait le cercle de ses si fructueuses activités industrielles. Les semences qui donneront de si belles récoltes. Les animaux dûment sélectionnés, qui s'empiffreront des plantes industrielles. Et, pour finir, quantité de « produits », sous l'apparence d'huiles de table, de carburant pour bagnoles, de lessives, de lubrifiants ou de cosmétiques.

Un mot, et même un peu plus d'un mot sur les biocarburants, que je me hâte d'appeler de leur vrai nom : nécrocarburants. Changer une plante alimentaire en carburant automobile, dans un monde qui compte un milliard d'affamés, n'est-ce pas sans discussion possible un acte criminel ? Ces gens barbotent depuis si longtemps dans l'abjection que rien ne semble pouvoir les arrêter. Beulin roule en grosse moto, s'habille sur mesure, porte des montres Breitling, aime la voile – il est aussi président du Grand Port maritime de La Rochelle –, et voilà qu'on lui prête aussi des ambitions politiques.

À droite, bien sûr, mais ce pourrait aussi être à gauche. N'a-t-on pas vu le président socialiste François Hollande à la

soirée des trente ans de Sofiprotéol, en décembre 2013 ? Ne l'a-t-on pas entendu dire : « Je suis venu dire ce que la France doit à la filière végétale » ? N'y a-t-il pas rappelé que les « protéines végétales » et la « chimie verte » si chères au cœur de Beulin faisaient partie des sept priorités retenues par la commission « Innovation 2030 » de madame Lauvergeon, ancienne patronne du nucléaire, présente elle aussi derrière sa coupe de champagne ?
Revenons aux choses sérieuses. Au socle. Les biocarburants. Henry Ford, dont j'ai déjà évoqué la si haute tenue morale, déclarait dès 1906, au moment où ses ingénieurs découvraient les merveilles de la chaîne de désassemblage des abattoirs de Chicago : « Il y a de l'essence dans toute matière végétale qui peut être fermentée. » Et comme il avait raison ! Il aura fallu près d'un siècle pour en faire une industrie défiscalisée, subventionnée sur fonds publics par centaines de millions d'euros par an en France, mais cela valait la peine. Pour eux, mais aussi pour nous, car la folle aventure des biocarburants est un aveu total. Un de ces moments de grâce où les masques tombent,

du moins pour ceux qui savent encore voir les évidences.
Le 4 juin 2008, Xavier Beulin, qui succédera à Guyau dix-huit mois plus tard à la tête de la FNSEA, planche devant la FAO, dont Guyau va prendre la présidence. Appelons cela de beaux destins croisés. Beulin : « Les biocarburants ne sont pas et ne doivent pas être réservés aux seuls pays riches. Ils peuvent également répondre utilement à l'indépendance énergétique de l'agriculture et de l'industrie dans les pays en développement. »
Le 25 juillet 2008, moins de deux mois après, Luc Guyau, militant UMP et président des chambres d'agriculture, adresse une lettre au Premier ministre UMP de la France, dont j'extrais ceci : « Les chambres d'agriculture [...] demandent le maintien des objectifs d'incorporation de biocarburants et des mécanismes de soutien afférents. »
On aura reconnu, derrière l'appellation euphémique « mécanismes de soutien », les subventions, encore plus grasses que d'habitude. Les deux compères sont donc sur la même ligne : la promotion des biocarburants et des aides d'État qui les accompagnent.

Nul ne songerait à nier leur constance, car, au printemps 2008, des « émeutes de la faim » ont dévasté des dizaines de pays. Au passage, de nombreux rapports officiels – de l'OCDE, de la Banque mondiale, de l'ONU, du Programme des Nations unies pour l'environnement (PNUE), et même de la... FAO – ont établi puis répété *ad libitum* que les biocarburants affament un peu plus les gueux de notre monde indifférent. Un paquet d'études scientifiques impeccables ont même démonté l'argumentation selon laquelle les biocarburants permettraient de lutter contre le dérèglement climatique. Mais qui s'en soucie, dès lors que tourne la machine à détruire le monde ? Les calculs sont vite faits : en détournant du marché alimentaire des dizaines de millions de tonnes de maïs, de blé, de canne à sucre, de colza, de betterave, etc., on actionne des mécanismes diaboliques, dont une pression toujours plus grande sur les prix. En 2007-2008, celui du maïs a doublé. Commentaire général, le 16 avril 2008, de la Dominicaine Juana Ferrer au cours d'une réunion du mouvement paysan Via Campesina, au Brésil : « Le problème, c'est non seulement l'utilisation de produits agricoles à des fins autres que l'alimentation, mais aussi la quantité d'eau que l'on utilise, les pesticides et la monoculture qui finit par tuer la terre. »

Tuer la terre, alors qu'ils prétendaient nourrir la planète. Car, souviens-toi donc, Raymond ! *Fiat panis !* Qu'il y ait du pain pour tous ! La fière devise de la FAO de 1945, reprise à l'envi par Luc Guyau pendant toute sa vie de paysan industriel. *Fiat panis !* Quand il est apparu qu'il fallait se concentrer sur les choses importantes – les débouchés –, on a changé de cheval. Et basculé sur les biocarburants en sachant pertinemment que leur expansion interdirait à des millions d'humains d'acheter leur galette de maïs ou de blé quotidienne.

C'est ainsi que fonctionne le système Guyau-Beulin, avec la pleine complicité des équipes politiques se succédant au pouvoir. Le seul objectif est de gagner des parts de marché, sans cesse et sans fin. En fabriquant, parce que cela rapporte, tout ce qui pourra être vendu sur le marché mondial. Ce n'est plus *Fiat panis,* c'est *Fiat pecunia.* Qu'il y ait de l'argent. Des flots de pognon. Pour eux.

Le braquage planétaire des terres agricoles

Toujours plus loin dans un désastre planétaire dont les contours sont en pleine expansion. Sofiprotéol et les industriels de l'agriculture ne s'arrêteront jamais tout seuls. Leur moteur à explosion continuera à dévaster le monde tant qu'il y restera une goutte de carburant. La seule solution est de se mettre en travers. De leur barrer la route, de s'emparer du manche, et de partir dans une direction opposée. Naïfs et neuneus sont tous ceux qui suggèrent de ralentir, et de papoter en tentant

de convaincre ! L'image est classique : un voyageur s'est trompé de train, et roule en direction de Marseille quand il voulait se rendre à Brest. Que doit-il faire ? Batailler avec le conducteur pour qu'il aille moins vite ? Ou descendre dès qu'il est possible pour enfin rallier la Bretagne ?
La vérité que personne ne veut entendre, c'est qu'il n'y a pas d'accommodement possible avec de tels personnages. La preuve par l'accaparement. On peut vanter les mérites de l'économie dématérialisée et d'Internet sans oublier que les terres agricoles sont l'une des seules véritables richesses de l'avenir, quel qu'il soit. Maîtriser les échanges numériques, c'est une chose. S'emparer des biens matériels qui commandent la survie des peuples, c'est beaucoup mieux. Les transnationales et certains États se ruent depuis dix ans sur des millions d'hectares dispersés partout dans le monde. Il s'agit de prendre barre sur l'avenir en garantissant les approvisionnements. Et donc la stabilité intérieure des pays acheteurs. Mais aussi, et sans surprise, de faire du fric grâce à des plantations massives de palmiers à huile, de biocarburants, de peupliers transgéniques, de barrages

hydroélectriques, d'immenses installations touristiques pour petits-bourgeois venus du Nord.

En maintenant bien sûr toutes les gabegies alimentaires, dont l'hyperconsommation de viande. Un exemple parmi tant d'autres : comment la Chine peut-elle espérer mettre toujours plus de viande sur ses étals ? Dans ce pays de bientôt 1,5 milliard d'habitants, la demande en bidoche pose des problèmes insolubles. La Chine ne dispose que de 7 % des terres cultivables de la planète et doit nourrir 19 % de la population mondiale. La viande, dont la demande explose, exige en outre d'immenses surfaces agricoles pour nourrir le bétail, définitivement introuvables sur place. La solution, qui n'est que fuite en avant, consiste à acheter massivement des terres ailleurs. Le carnet de chèques redistribue l'espace.

Combien de terres accaparées ? Aux alentours de 100 millions d'hectares, auxquels s'ajoutent chaque année 10 millions d'hectares supplémentaires. Le conflit, dont on parle si peu, oppose des communautés locales fragiles et souvent marginalisées, d'une part, et des financiers internationaux, d'autre part, qui arrosent les flics,

les militaires, les juges, les politiques. À ton avis, Raymond, qui peut espérer gagner ? Une des plus belles associations humaines, parmi celles que je connais, tient à jour cet infernal dossier. Grain – c'est son nom – publie rapport sur rapport et désigne les responsables par leur nom. C'est aussi bien le milliardaire suisse Jean Claude Gandur, proprio d'Addax & Oryx Group (AOG), que le « roi des roses » indien, le milliardaire Sai Ramakrishna Karuturi, le Canadien Calvin Burgess, P-DG de Dominion Farms, ou l'université Harvard au travers d'un *hedge fund*. Du côté de chez nous, la liste est impressionnante. Certains noms sont bien connus – Bonduelle, Tereos, Bolloré, le groupe Louis-Dreyfus –, mais d'autres agissent à l'abri d'appellations *ad hoc* comme AgroGeneration, Agro Énergie Développement, Terra Magna Capital, Campos Orientales.
Certains cas sont bien documentés, comme celui du fier militant de droite Charles Beigbeder, qui a piqué une crise de nerfs fin 2013 parce que les listes parisiennes de l'UMP aux élections municipales ne lui accordaient pas une victoire certaine. Beigbeder, on le sait moins, possède une

société spécialisée dans l'accaparement des terres, qui exploite environ 120 000 hectares de terres en Ukraine et 16 000 en Argentine. L'industriel Vincent Bolloré, puissance s'il en est, est, lui, notre véritable champion africain. Outre ses activités controversées au Cameroun – des palmiers à huile –, il a pris le contrôle de 6 500 hectares en Sierra Leone pour y planter des hévéas et des palmiers à huile. Je rappelle au passage que la Sierra Leone a subi l'une des guerres civiles les plus meurtrières de la fin du siècle passé, entraînant la mort de 200 000 personnes peut-être dans un pays de moins de 6 millions d'habitants à l'époque.

Bolloré traîne en justice tous ceux qui osent mettre en cause ses activités africaines, et je n'ai pas spécialement envie de lui donner ce plaisir. Mais cela n'empêche pas d'écrire quelques faits certains. La population locale proche des plantations de Socfin se bat le dos au mur depuis deux ans, réclamant des droits qu'elle estime bafoués. Certaines manifestations ont conduit des dizaines de paysans en taule, dans ce charmant pays qui respecte si bien les droits de l'homme. Mais, au cours de l'une d'elles, en

décembre 2013, les flics ont tiré à balles réelles sur la foule, faisant des dizaines de blessés. Un rapport de l'ONG américaine Oakland Institute détaille comment les indigènes sont traités, et le directeur de cette dernière, Frédéric Mousseau, a écrit une tribune dans le journal *Le Monde,* dont j'extrais ce qui suit : « En octobre 2011, 40 manifestants ont été arrêtés, suite à une tentative de blocus de la plantation par les villageois. Ces derniers protestaient contre le projet d'investissement, le manque de transparence de la société, l'absence de consultation adéquate des populations locales, et le manque d'information sur les perspectives de réinstallation. Ils se plaignaient également des conditions de vie "abominables" et des faibles rémunérations des ouvriers, de la corruption d'élites locales, et de la pression exercée sur les propriétaires de terres et les chefs de villages pour la signature de l'accord. »
Faut-il vraiment insister ? Si l'humanité n'est pas terrassée avant par un conflit nucléaire de grande ampleur ou un dérèglement climatique hors de contrôle, il est possible – en tout cas souhaitable – qu'elle désigne d'ici à quelques années ou

décennies l'accaparement des terres comme un immense crime contre l'humanité. Un de plus, certes. Et leurs auteurs ne seront plus là pour rendre des comptes. En attendant, où s'arrêteront-ils ?
L'accaparement ne concerne pas seulement les terres, mais aussi, ce qui est logique, les semences. On se souvient de la technologie connue sous le nom de Terminator, il y a quinze ans. Monsanto avait alors tenté d'imposer des semences OGM dont la seconde génération avait été rendue stérile pour contraindre les paysans à payer chaque année des royalties, rompant ainsi avec des milliers d'années de pratiques paysannes. Le temps a passé, mais la philosophie des grands semenciers – Monsanto, DuPont, Syngenta et le français Limagrain – n'a pas changé : elle est oligopolistique. Une poignée de vendeurs, qui font la loi, et une multitude de clients atomisés, contraints d'accepter des conditions toujours plus dures de la part de l'industrie. En octobre 2013, dans un sursaut en vérité admirable, des paysans rassemblés par le réseau Via Campesina ont contresigné à Yvapuruvu, au Paraguay, une déclaration solennelle sur les semences : « Les

semences sont œuvre des peuples, elles font partie de leur histoire. Elles ont été cultivées grâce au travail, à la créativité, à l'expérimentation et à l'attention collective. Au fil du temps, elles ont aussi façonné les peuples, leur permettant de s'alimenter de manières très diverses, de cultiver la terre, de partager, de développer leurs manières d'appréhender le monde. Elles sont donc intimement liées à des principes communautaires, à des responsabilités, des droits et des devoirs. »

Or des lois inspirées par les lobbies marchands, de plus en plus nombreuses, « permettent la mainmise des entreprises sur les semences paysannes, interdisent et criminalisent l'utilisation, la conservation, l'échange et la reproduction de ces semences, permettent leur saisie et leur destruction, ainsi que celles des cultures et des récoltes ».

Il n'est que temps de te souvenir, Raymond. Tu es né dans un monde qui ne connaissait pas la chimie de synthèse et ses innombrables utilisations. Aussi dément que cela paraisse, il existe bel et bien des survivants de ce temps en apparence aussi lointain que le Néolithique. Et pourtant, c'est un fait : les paysans se sont toujours passés de pesticides de synthèse. De très nombreux exemples prouvent que l'agroécologie est un système non seulement efficace, mais aussi incomparablement moins ravageur que l'agriculture industrielle. On commence enfin à reconnaître la si haute valeur du paysan philosophe Pierre Rabhi, mais on continue d'ignorer qu'il a aidé à former à l'agroécologie 100 000 petits paysans du Burkina Faso, à partir de 1981. Pour sa part, Marie-Monique Robin rapporte dans son livre *Les Moissons du futur* que l'agroécologie est pratiquée avec de grands succès dans des pays comme le Malawi, le Japon, le Sénégal, le Mexique.

De telles initiatives sont-elles généralisables ? Regardons de plus près le cas Olivier De Schutter. Ce baron belge a été, entre mai 2008 et mai 2014, le rapporteur spécial des Nations unies pour le droit à l'alimentation. Un poste en vérité honorifique, mais qui permet au moins de s'exprimer. De Schutter ne s'est pas contenté de faire de la figuration. À peine installé, il rassemble des informations, cherche, et finit par publier début 2011 un rapport ahurissant sous le titre « Agroécologie et droit à l'alimentation ».

Il y affirme que l'agroécologie peut doubler la production alimentaire mondiale en dix ans, précisant : « Les preuves scientifiques actuelles démontrent que les méthodes agroécologiques sont plus efficaces que le recours aux engrais chimiques pour stimuler la production alimentaire dans les régions difficiles où se concentre la faim. » Inefficace, la bio ? De Schutter écrit : « À ce jour, les projets agroécologiques menés dans 57 pays en développement ont entraîné une augmentation de rendement moyenne de 80 % pour les récoltes, avec un gain moyen de 116 % pour tous les projets menés en Afrique. » Le baron belge est-il un coucou écologiste planqué sous la robe de l'ONU ? Alors, il n'est pas le seul. Car la vieille FAO, qui a toujours soutenu l'industrie de l'agriculture, rue elle aussi dans les brancards.

En mai 2007, sans faire le moindre bruit, se tient un colloque international de la FAO sur le thème : « L'agriculture biologique et la sécurité alimentaire ». Le rapport qui en sort est un vrai panégyrique. L'agriculture bio est bonne pour la sécurité alimentaire, l'eau, les sols, la biodiversité. En outre, « une conversion planétaire à l'agriculture biologique, sans défrichement de zones sauvages à des fins agricoles et sans utilisation d'engrais azotés, déboucherait sur une offre de produits agricoles de l'ordre de 2 640 à 4 380 kilocalories par personne et par jour ». Largement de quoi nourrir la planète, et même au-delà. Cerise sur le gâteau : « En moyenne, le rendement des cultures biologiques est comparable à celui des cultures conventionnelles. » Tu as bien lu, Raymond : en moyenne, c'est comparable.

Au passage, on arrêterait enfin ce processus ignoble de bidonvillisation du monde. Cet arrachement de centaines de millions d'êtres humains jetés dans l'enfer des *slums, favelas, bustee* ou *townships* de l'inframonde. Ceux qui croient que les choses s'arrangent ou s'arrangeront à Mumbai-Bombay, Lagos ou Mexico sont de terrifiants crétins. Ils ne savent rien, et de toute façon se moquent bien du sort de la plèbe. C'est d'autant plus insupportable qu'on peut se passer du merdier défendu par Luc Guyau, ancien éleveur industriel français, ancien président de la FNSEA, glorieux militant de l'UMP devenu, sur insistance de Sarkozy, alors à l'Élysée, président de la FAO. On peut. On pourrait. On pourrait, mais il n'en est pas question. Les machines de guerre industrielles créées par des monstres comme Sofiprotéol empêchent tout changement. Les politiques, de gauche comme de droite, se prosternent devant les 500 000 emplois directs de l'agroalimentaire. On estime même que près de 20 % des emplois – soit 5 millions au total – sont en relation avec l'agriculture. Qui oserait rêver d'un autre avenir dans ces conditions ? Le débat est pourtant là, nulle part ailleurs.

Ou l'on considère, comme la plupart, que la messe est dite, que la marche du « progrès » est inéluctable et que tout est pour le mieux dans le meilleur des mondes possibles des si nombreux Pangloss de notre temps. Ou l'on pense que la liberté reste au cœur du projet humain. Et en ce cas, il n'est pas interdit d'imaginer une France de 2050 qui compterait un, ou deux, ou trois millions de paysans en plus de ceux qui croupissent dans les hangars industriels ou les fermes concentrationnaires pour animaux-esclaves. Ce qui a été fait peut-il être défait ? Oui, jurent quelques siphonnés, dont je suis. La destruction des paysans a été un moment absurde de l'histoire que personne n'a évalué, que personne n'a seulement interrogé. Pour les besoins d'un projet industriel amoral, on a vidé des milliers de villages et rempli les banlieues de millions de prolétaires, dont beaucoup sont devenus des chômeurs perpétuels. Ce n'est pas une vie.

Au moment où tant de contemporains refusent d'ingurgiter encore les menus d'épouvante de l'agroalimentaire, il est possible d'imaginer autre chose. À condition de rompre. Oui, cela semble impossible. Qui oserait avancer l'idée d'une révolution pareille ? Mais il est encore plus impensable de poursuivre sur la route des désastres.

Mon vieux Raymond, je sais bien que ces dingueries arrivent trop tard pour toi. Tu vas mourir, si ce n'est déjà fait. La France, grand pays malade, a échangé une civilisation pleine de formes vivantes contre un monde de pacotille soudé aux écrans, ouvrant sur le vide. On a su habiter le monde de mille manières différentes. Semer, récolter, bâtir, parler différemment selon qu'on vient de Nice ou de Brest. La diversité, Raymond, ce n'est pas seulement le Tigre, l'Éléphant et la Baleine. C'est l'Homme aussi. Ne me dis surtout pas que tu ne regrettes rien. Moi, si. Une autre histoire était possible. Un autre monde reste à construire.

Table

Du même auteur

Un empoisonnement universel : comment les produits chimiques ont envahi la planète, Les liens qui libèrent, 2014
La Vérité sur la viande, ouvrage collectif, Les Arènes, 2013
Qui a tué l'écologie ?, Les liens qui libèrent, 2011
Bidoche, l'industrie de la viande menace le monde, Les liens qui libèrent, 2009
Pesticides, révélations sur un scandale français (avec François Veillerette), Fayard, 2007
La Faim, la bagnole, le blé et nous, une dénonciation des biocarburants, Fayard, 2007
Le Tour de France d'un écologiste, Le Seuil, 1993
Jours sang, Fleuve Noir, 1987

Ouvrages illustrés

Itinéraire d'une goutte d'eau, avec les photos de Nicolas Van Ingen et Jean-François Hellio, Plume de Carotte, 2011
Guérande, au pays du sel et des oiseaux, avec les photos d'Erwan Balança, L'Étrave, 2004
L'Auvergne en ballon, avec Anne Hervé, Au pays du nouveau monde, 1999

Jeunesse

Ma tata Thérèse, avec les dessins de Catherine Meurisse, Sarbacane, 2011
Le Vent du boulet, Fayard, 2009
Yancuic le valeureux, Sarbacane, 2007
La France sauvage racontée aux enfants, Sarbacane, 2005